Lectura contemporánea de los clásicos

Saúl López Noriega y Rodolfo Vázquez
COORDINADORES

¿Por qué leer a Weber hoy?

MONTABER

¿Por qué leer a Weber hoy?

Nora Rabotnikof
Ulises Schmill
Gina Zabludovsky

MONTABER

Colección: Lectura contemporánea de los clásicos

¿Por qué leer a Weber hoy?
1.ª edición (2010), 2.ª edición (2016), Distribuciones Fontamara, SA, México,
ISBN 978-607-736-336-1
3.ª edición, octubre 2024

Edita: Montaber
Director editorial: David Soler
Brutau, 160 – 08203 Sabadell (Barcelona)
Tel. 931 429 486 – montaber@montaber.es
www.montaber.es

Impresión: Safekat, SL (Madrid)

ISBN edición impresa: 978-84-10238-61-9
ISBN edición digital: 978-84-10238-57-2
Depósito Legal: B 17274-2024

El papel empleado en este libro no ha sido blanqueado con cloro elemental (Cl_2).

Presentación

El presente libro forma parte de la colección *Lectura Contemporánea de los Clásicos*, cuya finalidad consiste en analizar la obra de destacados pensadores de la filosofía jurídica y política, y releerla a partir de los retos de las sociedades modernas. De ahí que el propósito último de este proyecto sea despertar la curiosidad por los clásicos, discutir su obra e insertarla en el debate contemporáneo, siguiendo siempre la máxima de Ítalo Calvino: "Un clásico es un libro que nunca termina de decir lo que tiene que decir".

Esta relectura, sobra subrayarlo, no pretende sacralizar autores ni convertir libros en escrituras sagradas. El propósito, por el contrario, es una revisión fresca y crítica del edificio teórico y conceptual de cada obra, sin olvidar el otro gran objetivo de la colección: los nuevos desafíos que enfrentan las democracias modernas y, en concreto, las asignaturas pendientes de la incipiente democracia mexicana. Así, con este firme compromiso, nos decidimos por dirigir la mira a la obra de un clásico indiscutible: Max Weber.

La pregunta que, una vez más, planteamos es simple pero fundamental: ¿Por qué leer a Weber hoy? ¿Qué sentido tiene, en los albores del siglo XXI, acercarse a la obra de este pensador? Ésta fue la interrogante con la cual buscamos provocar la reflexión de tres agudos estudiosos de la obra de Max Weber. El resultado de esta reflexión se encuentra precisamente a lo largo de las páginas de esta compilación.*

En primer lugar, tenemos el texto de Nora Rabotnikof, donde la autora realiza un interesante recorrido por algunos de los conceptos clave del pensamiento weberiano. La estructura del texto sigue el creativo juego de analizar lo que estos conceptos significaban hace cuatro o cinco lustros, cuando en diversas latitudes del mundo se esperaba con anhelo la llegada de la democracia, y lo que ahora éstos representan en sociedades democráticas jóvenes (y algunas no tanto) que empiezan a digerir las limitaciones inherentes a este régimen. De esta manera, con una generosa prosa alejada de la aridez académica, el lector podrá encontrar una inteligente (re)lectura de ideas como burocracia, carisma, gobierno representativo, administración pública y populismo:

Sobre este último, y como botón de muestra de la prosa y rigor analítico de Rabotnikof, se transcribe este fragmento con el cual concluye justamente su participación:

> Es posible que algunos piensen que la alternativa democracia o populismo sigue prisionera de una visión todavía heroica de la política. Pero en cualquier caso, desde un punto de vista teórico, pareciera que en eso que hoy vuelve a ser llamado populismo, reencarnan esos nudos irreductibles de la política, difíciles de digerir o de ser automáticamente procesados por la racionalidad institucional. Esos nudos que remiten a formas de entender y pensar la política que intuíamos como problemáticos ya hace 25 años. Tal vez ello nos hable, una vez más, de la renovada actualidad política de Weber.

El estudio de Ulises Schmill en el cual, como el mismo título indica, y con una gran pulcritud conceptual, el objetivo por demás logrado consiste en reconstruir la complementariedad de la obra de Hans Kelsen frente a la de Max Weber. Mientras el primero se ocupa de las normas jurídicas y su estructura, sus características

* Los textos presentados en esta edición fueron leídos en la mesa redonda, "¿Por qué leer a Weber hoy?", que se llevó a cabo en el Instituto Tecnológico Autónomo de México (ITAM), Ciudad de México, el 3 de abril de 2008.

distintivas, su relación con el Estado, etcétera. Weber levanta su obra sociológica a partir de, entre otras, dos preocupaciones clave –que, por cierto, sobra mencionar que son de enorme interés en el contexto de severa crisis del Estado de derecho que sufre el país–: ¿Cómo y por qué cambian las normas jurídicas? ¿En qué forma estas ideas normativas influyen o no en la conducta social?

Cerramos esta edición con el ensayo de Gina Zabludovsky, que nos ofrece un erudito estudio de un elemento medular en el pensamiento de Weber: la burocracia. A juicio de esta autora, la contribución decisiva de Weber en este terreno con-sistió en pensar la teoría de la burocracia dentro de una amplia arquitectura del orden social y generalizar la noción de aparato racional a cualquier organización, pensemos en administración pública o en grandes compañías privadas. La burocracia, por tanto, no sólo impacta en el mundo de la política, sino en cada una de las esferas de la sociedad. Está presente en el Estado, los negocios privados y en las asociaciones voluntarias, inclusive.

Lo interesante y provocador de la postura de esta académica es que a su juicio, la relevancia de regresar hoy en día al concepto de burocracia de Weber reside no tanto en la actualidad de sus postulados, sino en su utilidad para entender un momento de cambio al respecto. En efecto, para Zabludovsky estamos frente a una "desburocratización del mundo" donde las estructuras son menos rígidas, las jerarquías no siempre están claramente definidas ni se circunscriben a las responsabilidades de los funcionarios. Y de ahí que para entender esta transición es necesario volver, pues, a la obra del viejo Max Weber.

En el mundo actual, se ha hecho evidente que la eficiencia no puede ser asociada más a una sola forma de sistema socio-político o de estructura organizacional, y los conceptos útiles para el estudio del periodo previo tienen que ser cuestionados. En la teoría weberiana sobre la dominación moderna, la figura del funcionario, del profesional y del especialista eran en muchos sentidos coincidentes, pero en la actualidad esto es cada vez menos válido, pues el "sistema de expertos" cubre un ámbito mucho más amplio, abarcando distintas áreas de especialización que no pueden reducirse únicamente a la administración legal-racional. En un gran número de ocasiones, las relaciones profesionales tienen lugar en un entorno global que, como tal, quebranta las jerarquías de las organizaciones burocráticas.

En breve, pues, este libro consiste en una serie de ensayos donde sus autores, desde sus respectivos intereses intelectuales, responden con agudeza la pregunta que da origen al libro: ¿Por qué leer a Weber hoy? Con el ánimo en cada momento de coadyuvar a la discusión de las interrogantes que giran alrededor de los problemas sociales actuales; invitar a plantear y desarrollar los aspectos más relevantes del pensamiento de cada autor, y en última instancia, fomentar esa tradición que nutre sus meditaciones, propuestas y debates, a partir de los pensadores clásicos.

Nora Rabotnikof*

Introducción

Este trabajo busca reexaminar, a la luz de la discusión actual sobre populismo y democracia, el papel del carisma en el diseño de la democracia moderna, tal como éste aparece en la sociología política weberiana, básicamente en sus llamados *Escritos políticos*. Cabe aclarar que no reconstruyo tal diseño a partir de la relectura directa de los textos, sino de lectura de la lectura que de tal diseño y de su fundamentación, se hizo en varios países latinoamericanos en la década de los setenta y ochenta. Esa interpretación de la interpretación no tiene por objetivo abonar una teoría de la recepción de los textos clásicos (en función de los diferentes momentos históricos, o los diferentes contextos teórico-políticos), sino que parto de ella en el supuesto de que dicha recepción fue determinante de cómo una generación política o más globalmente un determinado campo político-intelectual comenzó a pensar la democracia. El supuesto es que en aquella época, en el marco de las llamadas transiciones, el primer contacto teórico con las instituciones de la llamada democracia liberal tuvo lugar, entre otros autores, a partir de la lectura de Weber. En ocasiones, este contacto asumió la forma de un descubrimiento. Provenir

* Este texto se presentó originalmente bajo el título "El carisma en la construcción weberiana de la democracia moderna: ¿acechanza peligrosa o renovación política?", en *De la democracia desncantada al desencanto democrático*, México, Instituto Federal Electoral, 2009.

de tradiciones teóricas y militantes diferentes, ninguna de las cuales se había caracterizado por una preocupación demasiado puntillosa por la democracia moderna y sus instituciones, hacía que mucho de lo allí planteado apareciera como novedad teórica. En otras ocasiones, en cambio, la asunción de ciertos supuestos tenía un tono más resignado: después de grandes cruzadas que habían terminado en derrota (o que se vivían como tal), aquello que aparecía como fundamentación desencantada de la democracia, no podía sino aparecer como una alternativa, desangelada pero realista, ante las nuevas configuraciones de poder.

Parto entonces de aquella lectura, que denomino aproximación desencantada a la democracia, para rastrear de allí algunos elementos que no parecían articularse de manera totalmente armoniosa con el diseño institucional: fundamentalmente el papel del carisma y su relación con las instituciones representativas. La sospecha es que más allá de ciertas interpretaciones y presagios puntuales (manipulación de masas, liderazgos autoritarios, personalización del poder) o además de ellos, en la pregunta por el carisma confluían una serie de problemas que se manifestarían con más claridad en otra etapa. En primer lugar, el problema de la transformación o innovación de los sistemas normativos, en sentido amplio (creación de nuevo derecho, renovación o transformación institucional). En segundo lugar, la decisión política y su engarce o deducción de un sistema jurídico normativo o de un diagnóstico técnico de la situación. En tercer lugar, de modo más general, la relación entre racionalidad sustantiva y racionalidad formal, entre valores, aspiraciones y demandas sociales e instituciones y procedimientos de la democracia.

Una lectura de una lectura

En una época en la que se reivindica la aproximación hermenéutica, el diálogo entre autor y lector, y se valoran las "reinterpretaciones de las interpretaciones", la empresa de reconstruir la lectura de Weber que se hacía en los años ochenta, en vísperas de las transiciones, no suena del todo descabellada. Por una decisión difícil para muchos de nosotros, significa reconocer que los años ochenta ya se han transformado en un objeto histórico, aunque nos consuele pensar que aún estamos en el terreno de la "historia del tiempo presente".

Así planteada, la propuesta abre varias líneas. Una serie de temas se introdujeron en aquellos años y se siguen planteando hoy en las ciencias sociales y en la discusión filosófica, a veces con un grado de ingenuidad que podríamos llamar "pre weberiana". Una primera línea de recuperación partiría de la recepción de Weber en la sociología mexicana y latinoamericana y rastrearía la renovación que significó su redescubrimiento para aquellos formados en el paradigma marxista y en el estructural funcionalista. Se podría decir que para ambos grupos, la lectura de Weber significó también redescubrir el universo del sentido de la acción, en compleja relación con la estructura y con la determinación en última instancia.

Otra reconstrucción posible partiría de una especie de crítica, posmoderna *avant la lettre*, de las creencias ilustradas. O de un acotamiento ilustrado a la Ilustración: pluralismo valorativo, guerra entre los dioses, constructivismo, probabilidad, criterios de objetividad convencional pero universalmente establecidos, todo nos habla de una especie de crítica epistemológica seria de los puntos de fuga que el llamado pensamiento posmoderno descubriría un poco más tarde (la contingencia, el riesgo y la crítica a los fundamentalismos).

Otra línea posible, nos llevaría a recordar la pluralidad de sentidos asociados a la famosa racionalidad weberiana, su en-raizamiento en una cultura de cuño religioso, el análisis fascinante y riguroso de los otros tipos de racionalidad. En todas estas líneas, si quisiéramos tomar la lectura de los años ochenta como objeto de estudio, deberíamos hablar de los contextos de recepción, de los vocabularios en uso en la época, de los referentes históricos y también del impacto teórico de esa recepción. Y en todas ellas, podríamos rastrear continuidades hasta nuestros días, caminos que llegaron a un punto muerto y otros que todavía nos anuncian una promesa de fecundidad.

Elegir, entre todas las vías posibles de reconstrucción de esas lecturas, la aproximación a la democracia moderna, supone varios riesgos. En primer lugar, no podemos estar seguros de que la lectura hecha hace años fuera la más rigurosa ni la más fiel desde el punto de vista heurístico. Podríamos escudarnos en la constatación de que, en otros casos, la libre aproximación hermenéutica nos hace encontrar hoy un Adam Smith que no era liberal sino republicano, un Hobbes sin Estado, una Hannah Arendt multiculturalista. Pero, para quienes tenemos ciertas reservas ante tantas libertades interpretativas, el riesgo o la sospecha se vuelve en contra nuestra. Otro riesgo es repetir hoy las afirmaciones que creíamos descubrir en aquel Weber, como si los 25 años que han transcurrido desde aquel acercamiento hubieran pasado en vano. Como si no hubiese habido aprendizaje político ni renovación teórica. La mejor forma, tal vez no de conjurar pero acaso de adelantar esas sospechas, puede ser explicitar los contextos de recepción, las preguntas que se formulaban en ese entonces, y los sesgos que orientaban aquella lectura.

Y ello me lleva al segundo objetivo. Dicho de manera sintética: Weber en su momento, estuvo en el camino del acercamiento de muchos a un análisis sociológico de las condiciones de posibilidad de la democracia, condiciones *que no fundaban, pero que ilustraban políticamente una opción valorativa.* Hace 25 años, Weber estuvo en el punto de encuentro con la democracia como: a) opción elegida en función de ciertos valores y no como resultado evolutivo necesario ni como panacea universal, b) con la democracia entendida como régimen político, no como tipo de sociedad ni como atributo predicable de las diferentes esferas de la sociedad, c) con la democracia entendida como régimen que abría a su vez, diferentes modelos de diseño institucional (plebiscitaria con liderazgo, parlamentaria, etc.), modelos que referían a una historia institucional y a la capacidad y voluntad de las élites políticas.

La intuición general que guía esta reconstrucción es que en un primer momento, Weber nos ofreció un acercamiento desencantado a la democracia, que permitía responder a la pregunta casi kantiana acerca de qué era razonable esperar y qué no. Es decir, el acercamiento a una idea de democracia como procedimiento, como recurso de legitimación en una sociedad de masas, como mecanismo de selección de líderes y de alternancia partidaria. Una fundamentación teórica desencantada de una opción valorativa (recordemos la idea de desencantamiento como ruptura del mundo mágico y como distancia entre hecho y significado). Y que desde allí, se ha transitado a lo que se ha dado en llamar el desencanto democrático. Ésta es una noción distinta, que se ubica temporalmente en el desenlace de una espera que cargaba a la democracia de expectativas que desbordaban con mucho esta visión desencantada y que, como no podía ser de otra manera, se ve frustrada o incluso traicionada.

Por ello, el segundo objetivo apunta a esbozar algo así como los elementos, problemas y reclamos que, en aquella visión desencantada de la democracia, quedaban fuera, o del otro lado. Elementos que "hacían ruido" en aquel diseño democrático (aspiraciones, valores sustantivos, reivindicaciones sociales, invocaciones a la soberanía y a la participación populares). Cuestiones que reaparecen hoy, en el clima del llamado desencanto democrático, alimentando ese desencanto y encarnándose en los vocabularios de la justicia, de la equidad, de la igualdad, del proyecto político. Aquellos valores, aspiraciones, reivindicaciones e invocaciones que quedaban fuera del diseño democrático, o dentro de él pero ubicados en una tensión problemática, como sustancia no del todo procesable por el sistema, reaparecen hoy bajo otras formas. Formas que, y esto es lo que trataría de proponer, se anticipaban ya en aquella lectura de Weber en la figura del elemento cesarista, del carisma y en el rol de la conducción política.

Por último, quisiera plantear si esa operación de "aliviar" a la democracia de sus viejos significados y de sus fundamentaciones últimas, de ciertos valores y expectativas con las que venía asociada, fue una operación de clarificación conceptual y política necesaria en su momento (que creo que lo fue), o si fue un esfuerzo vano que poco podía hacer frente al desencanto democrático y que conduciría inevitablemente a las reformulaciones que hoy aparecen como necesarias.

La democracia desencantada ¿concepción mínima o desangelada?

En 1982 la editorial Folios presentaba, bajo el título *Escritos políticos*, una serie de ensayos weberianos, algunos de ellos publicados por primera vez en español. Los dos volúmenes reunían intervenciones más o menos coyunturales y ensayos de mayor alcance teórico. La publicación se inscribía en un proyecto de largo aliento que su editor, José Aricó, llevaba adelante desde la colección *Pasado y Presente*. Desde hacía varios años, Aricó entregaba al público latinoamericano textos desconocidos en español de autores de la socialdemocracia alemana, del marxismo austriaco, y de algunos clásicos, entre los que reaparecía Weber. Más adelante, a esta recuperación seguiría la de Schmitt, la de Kelsen y otros. El esfuerzo se inscribía en una empresa que había comenzado varios años antes, todavía en la Argentina: crear una biblioteca de cultura socialista. Pero también seguía desde Latinoamérica, un proceso que llevaba ya varios años, el impulso revisionista que, luego de concluido, se nombraría con el pomposo título de "crisis del marxismo". Aricó acompañaba, a su modo y con sus propios interrogantes, el debate instalado en Italia desde hacía unos años. Ese debate, que había comenzado alrededor de la existencia de una teoría del Estado y la política en el marxismo, tendría su correlato político institucional en la transformación del secular PCE en la Izquierda Democrática. Quizá no sea aventurado afirmar que el encuentro con la democracia marcó gran parte de los avatares y transformaciones sintetizadas con este cambio de siglas.

Los llamados escritos políticos aparecen entonces en ese contexto de la cultura socialista europea italiana, pero son recibidos en México y en otros países latinoamericanos cuando comienza a hablarse de democracia y de transición. La dicotomía democracia-autoritarismo, que años después serviría para describir y evaluar las transiciones, las instituciones, las actitudes y las pautas culturales, todavía no se había instalado como diferencia directriz de las observaciones. La democracia era pensada y sobre todo vivida como aquello que las dictaduras habían interrumpido brutalmente en algunos países (Argentina, Chile, Uruguay) y cuyo retorno empezaba a vislumbrarse en el horizonte. En otros casos era concebida como un conjunto de formalidades que había servido de fachada a un régimen de partido casi único, con fuertes mecanismos de legitimación popular y de conquistas sociales (México). Algunos creían que las verdaderas democracias, las populares, eran las que mejor recuperaban el mandato democrático original, el del gobierno del pueblo. Otros la pensaban como una creación europea o americana, *path dependant*, y difícil de importar a estas tierras cerriles.

En ese contexto, algunos leíamos los escritos del Weber político y encontrábamos, justamente en su visión desencantada, cierto sosiego a nuestros desvelos. Lo primero que llamaba la atención era el carácter directamente político de las intervenciones. Los ensayos no sólo contrastaban con la imagen de la asepsia cientificista a la que la transmisión universitaria de Weber nos tenía acostumbrados, sino que la vocación política parecía traducirse en una escritura bastante más accesible. La irrupción de masas en la escena política de la posguerra, los efectos sociales de aquello que en otros textos aparecía como el proceso de racionalización de lo social, la relación entre sistema político y capitalismo se conjugaban con el análisis político concreto de la situación alemana, en un mosaico donde coyunturas y tendencias a largo plazo, intervención puntual y elaboración teórica, ciencia y política parecían confluir de ma-nera novedosa. Y sobre todo, la reflexión sobre la democracia posible, en el contexto de la derrota y la caída del antiguo régimen incluía problemas técnico estatales, cuestiones técnico-constitucionales para la formulación de políticas, es decir, discusión acerca de medios, con la defensa de fines y valores últimos.

En aquellas lecturas, o en la lectura de aquellos tiempos, ya era necesario atravesar el sedimento de las interpretaciones. Algunos, como dijimos, ponían el énfasis en esas cuestiones técnico constitucionales, con el consiguiente énfasis en el papel inspirador desempeñado por Weber en el diseño de la Constitución de Weimar. Se recogían los análisis y propuestas weberianas incluidos en la redacción de la Constitución, y se saludaba a Weber como una de las personalidades más importantes de la izquierda alemana (a la que no le reconocía una tradición demasiado rica en personalidades democráticas). Pero también se leía a Weber a través de otras interpretaciones que ponían justamente el acento en la figura de la conducción carismática, lo que llevaba a muchos conocedores de la historia europea posterior a "preguntarse si en el campo democrático no estaban ya potencialmente dados los elementos que hicieron posible la irrupción del pensamiento autoritario".[1] Por un lado, había que digerir la idea de la democracia como mera técnica, y por otro, buscar alguna interpretación del líder carismático que no condujera necesariamente a la figura del Führer (y tampoco a la de nuestros caudillos vernáculos).

¿Por qué hablar de fundamentación desencantada de la democracia?[2] Se leía en Weber una especie de señalamiento implícito del anacronismo de una teoría de los principios democráticos y la afirmación de la necesidad de una aproximación sociológica a los fenómenos del poder y la política en el mundo contempo-

---

[1] Wolfang Mommsem, *Max Weber: sociedad, política e historia*, Buenos Aires, Alfa, 1981.

[2] La noción de desencantamiento ha acompañado el pensamiento de la política y de la sociedad en general en los últimos tiempos. Está ligada a la idea de secularización en el sentido de que no hay sustitutos plausibles o equivalentes funcionales a la religión en términos de legitimación. Esta intuición contrasta con la presencia de fundamentalismos de todo tipo en la política moderna, aunque la diferencia estaría dada por la pérdida de su evidencia incontestable: "*Sigue habiendo hipostatizaciones del sujeto político, proyecciones colectivas, dualismo izquierda-derecha, delimitación amigo-enemigo, expectativas de participación, deseos de consenso, preocupación por la seguridad, asperación de control, pero ya sin el prestigio que procede de su falta de reflexividad*". Daniel Innerarity (2008) "La política en una sociedad post-heroica", en *Claves de la Razón Práctica*, núm. 180.

ráneo. Concebir y afirmar la democracia como procedimiento resultaba en cierto sentido un corolario de la crítica implícita a la democracia como valor en sí. Si con Weber entrábamos en el terreno del politeísmo y, es más, a veces de la guerra a muerte entre los dioses, ello llevaba a que fuera difícil fundamentar una esencia de la democracia, o al menos, una esencia construida en términos de valores universales. Voluntad General, Bien Común, Soberanía popular, se volvían conceptos normativos difíciles de traducir al plano sociológico. La idea de un sujeto popular soberano resultaba difícilmente articulable con la complejidad formada por actores plurales, identidades parciales y fines particulares vehiculizados mediante organizaciones. La noción de bien común se volvía problemática en un mundo signado por el pluralismo. La voluntad general roussoniana era difícilmente reconducible a la mirada sociológica que reconocía el conflicto y la dimensión crítica de toda decisión colectiva o que afectara al colectivo.

Weber se distanciaba de la tradición jusnaturalista (que sería paradójicamente redescubierta después en el debate académico). La doctrina del derecho natural, creadora de los derechos del hombre y del ciudadano, era para Weber una de las grandes creaciones culturales del puritanismo. "Solo al individualismo de las sectas tiene el mundo que agradecer la libertad de conciencia y los derechos humanos más elementales.... Cosas de las que ninguno de nosotros podría prescindir hoy".[3] La tensión entre orden divino y orden humano, presente en la visión protestante, permitía comprender el radicalismo y la incondicionalidad de la teoría original de los derechos humanos, que afirmaba, entre otras cosas, la igualdad del género humano frente a los innumerables ejemplos de desigualdad fáctica. Por otro lado, en su sociología del derecho, reconocía la importancia del derecho revolucionariamente creado, su función histórica en la erosión de los mecanismos de poder tradicional y en la estilización de la dominación legal racional. Dentro de la esfera del derecho, reconocía su papel en la racionalización y el creciente predominio de la lógica y la

[3] Max Weber, *Economía y sociedad*, FCE, 1969, p.641.

abstracción en la historia del pensamiento jurídico. El derecho revolucionariamente creado, de matriz religiosa, había incidido, y ésta era otra de las paradojas de la racionalización, en el proceso de laicización del derecho y en la elaboración de una teoría no paternalista del poder.

Por eso, era posible y fecundo analizar el jusnaturalismo moderno como resultante adecuado de la cosmovisión y del ascetismo intramundano del protestantismo, y ver la fuerza social de su contenido utópico rastreando la secularización y el origen religioso de sus valores fundamentales. Por eso también, la importancia histórica de esta doctrina de los derechos en el proceso de constitución del Estado moderno, en las formas modernas de dominación y, por supuesto, en el ulterior proceso de secularización del derecho. Pero ese peso histórico y cultural, parecía decirnos Weber, volvía imposible su continuidad como fundamento del derecho y de la política modernos.

Para el científico social del derecho, en cambio, era indispensable registrar el avance incontenible del positivismo jurídico (positivización del derecho) y partir de la base de que *se ha aniquilado la posibilidad de atribuir al derecho como tal, en virtud de sus cualidades inmanentes, una dignidad supraempírica.* Ello anulaba también la posibilidad de que una fundamentación racional o una argumentación en defensa de la democracia recurriera a los valores incorporados en la tradición jusnaturalista.

En los años que estamos recordando, y en el cuadro de esta recuperación de los clásicos del siglo XX, Giuseppe Zarone llamaba la atención sobre un proceso paralelo: en los años veinte el revisionismo socialdemócrata recuperaba y volvía a proponer las líneas clásicas del Estado democrático liberal como programa socialista. Al mismo tiempo, Weber tomaba distancia de esta tradición y "asumiendo las transformaciones en la estructura misma del Estado, apunta a una reformulación totalmente nueva de la necesidad del Estado y de la democracia representativa".[4] Y tal

---

[4] Giuseppe Zarone, "Bernstein e Weber: revisionismo e democracia", en *Studi Storici*, junio 1978. Para líneas similares de interpretación en aquellos años, Remo Bodei, "Il desaggio de la racionalita", en *Racionalitá e política*, Venecia, Arsenale Cooperativa Editrice,

vez en esto esté una de las claves de la entrada o del comienzo de la fascinación con Weber. Nos acercábamos *desde* la crítica a las insuficiencias del liberalismo, o mejor dicho, desde la aceptación ascética de sus límites. Weber defendía la democracia en su versión liberal, pero desde el desencantamiento, entendido como la renuncia a la búsqueda de significaciones trascendentes. Defendía la llamada democracia liberal, mostrando también su lado oscuro. Ello obligaba a reconocer sus límites, lo que quedaba fuera de su alcance y de sus funciones. Pero también dejaba en claro qué valores (libertad individual, pluralismo, etc.) todavía podían tener cabida y desarrollo en su escenario, mostraba que ello no era poco y que, opciones personales de por medio, valía la pena apostar por ella.

Esa ruptura con la fundamentación contractualista o racionalista de la democracia, reaparecía en su concepto de dominación legítima. De forma implícita, la clásica distinción entre autonomía y heteronomía como dos formas diferentes de legislar la voluntad, presentes en Rousseau y Kant, era trascendida al afirmarse que toda obediencia a un mandato reconocido como legítimo es formalmente autónoma. En el caso de la dominación legítima, la heteronomía (imposición) del mandato era vivida como autonomía y la obediencia a un mandato, si reputada como legítima, se realizaba como autonomía, como consenso autónomo. Se dice fácil, pero si recordamos la vuelta por los fueros del problema de la legitimidad habermasiana o la idea de autogobierno y autolegislación en la recientemente rehabilitada tradición republicana, el corte no resulta tan obvio.

Ello significaba descartar desde el principio el significado más radical de democracia como autogobierno. Aunque significaba también reconocer que todo poder legítimo tiene una valencia democrática en el sentido de difusión del consenso. Pero este consenso, como consenso organizado, como legitimidad construida a partir del respeto de las reglas formales, se alejaba o cortaba

1981. Véase también los textos reunidos en *Teoría marxista de la política*, México, Siglo XXI, 1981, y en Roberto Raccinaro *et al.*, *Política y desilusión*, México, UAM, 1984

amarras definitivamente con la idea de gobierno del pueblo, con cualquier referencia a la participación directa, con una dimensión fideística de la política, con las reivindicaciones sustantivas de justicia; en síntesis, con lo que autores posteriores llamarían la dimensión *redentora* de la democracia.

También resultaba novedoso, o novedoso para nosotros, la articulación y separación entre Parlamento activo y burocracia, entre burocracia de Estado y burocracia de partido, entre burocracia, carisma y Parlamento. La democracia moderna aparecía inextricablemente articulada con dos instituciones o figuras que, hasta entonces y a veces aún ahora, había sido pensadas como *lo otro* de la democracia: burocracia y carisma. En el diagrama político ni la burocracia o el gobierno administrativo, ni el Parlamento ni el elemento cesarístico podían erigirse, de forma aislada, en pivotes del sistema democrático. Era la articulación y el contrapeso entre ellos la que dotaba de una dinámica al conjunto. Pero esta separación difería también de la clásica división de poderes. En Weber, esta separación no parecía basarse en la facultad de impedir o en la capacidad de evitar la acumulación en uno de los poderes, sino que parecía apuntar a la capacidad de gobernar.

Pero ni la burocratización ni el cesarismo eran pensados como deformaciones o patologías de la política moderna. La inevitabilidad burocrática conectaba y derivaba del proceso de racionalización: formalización, cálculo, universalismo, especialización, control eficiente. De allí que en los años ochenta se comenzara a hablar de una *teoría positiva de la administración pública*,[5] de su función irremplazable en la promoción del bienestar social, pero también en la canalización del conflicto social. Pero esta teoría positiva de la administración o de la burocracia (leíamos) se veía acotada o encuadrada por una conducción política encarnada en la figura presidencial o cesarista y en la vida parlamentaria activa. La burocracia encarnaba la gestión pública pero no generaba política, en el sentido de proyectos globales y fi-

[5] Luis Aguilar, *Política y racionalidad administrativa*, México, INAP, 1982.

nes valorados y elegidos. Tampoco era la arena de forja de líderes políticos.

En aquellos años ochenta, las lecturas de este contrapunto entre burocracia, liderazgo y Parlamento, se abrían en varias direcciones, según las filiaciones y también según las urgencias del momento. Para algunos, siguiendo al Habermas de aquellos años, Weber no sólo preanunciaba el llamado decisionismo, que proponía una subordinación de la técnica a la política, de los expertos a los diletantes (modelo que, según esta crítica, habría sido superado en la sociedad de alta tecnología). Había algo más grave: en última instancia, clausuraba toda posibilidad de racionalizar la política, ya sea por vía técnica o por vía deliberativa. La política, en la forma de la afirmación de valores y de la conducción cesarística, introducía un elemento de irracionalidad en el tejido de la racionalidad occidental.

Para otros, más creyentes en la dignidad de la política, en la subordinación del cuadro administrativo al control parlamentario y a las diferentes figuras de la conducción o de la voluntad política, Weber era un cruzado de la política, enfrentado tanto al horizonte tecnocrático como a los desbordes de una democracia directa o a los impulsos de la desformalización: "[si la burocracia] suspende su labor o queda detenida por una fuerza poderosa, la consecuencia de ello es un caos, para dar fin al cual, los dominados difícilmente pueden improvisar un organismo que los sustituya".[6]

Por ello, el pesimismo weberiano respecto de la relación burocracia democracia era interpretado en términos de una alternativa crítica.

> Si la racionalidad material (en forma de demandas sustantivas de justicia, o de participación, o de soberanía popular) derrotaba a la racionalidad formal (con su expresión en la dominación legal-racional) sería posible la democracia plena (o el socialismo), pero a costa de un estancamiento de

[6] *Economía y sociedad*, p. 741.

la sociedad, si en cambio, otros fines eran servidos por los mismo medios, la perspectiva no podía ser sino la burocratización universal.[7]

Por ende, la utopía de la extinción de la dominación y las promesas de soberanía popular y de participación plena resultaban sospechosas de irracionalidad. Pero, por otro lado, la burocratización universal (del cuadro administrativo, de los partidos, del Parlamento) suponía el peligro de la extinción de la política, en el sentido de fines valorados y perseguidos, y la imposibilidad de renovación e innovación.

Por eso, en la interrogante: "¿cómo es posible, en presencia de la prepotencia de esta tendencia hacia la burocratización, salvar todavía algún resto de libertad de movimiento individual en algún sentido?",[8] algunos encontraban la pregunta desesperada de un liberal serio que anticipaba la amenaza frente a los valores preferidos, o sea la libertad individual, y otros veían la inquietud por el espacio y el alcance reservado para la iniciativa política en un diseño institucional estable y formalizado. En cualquiera de los dos casos, el de la libertad individual y los derechos y garantías de cualquier ciudadano o el de la iniciativa política del político, ese resto o ese espacio sólo podía ser pensado dentro de la vida racionalizada, *dentro* de la jaula y hierro y no fuera de ella.

La democracia asumía así otra función, que limitaba aún más su posible identificación con el autogobierno del pueblo: contener dentro de límites razonables y controlar la prepotencia de la capa burocrática. La democracia no era la alternativa a la burocracia, sino eventualmente su otra cara y su contrapeso. Se dibujaba así la posibilidad de revitalizar la lucha política por medio de la competencia partidaria, de recrear y de diseñar un sistema político capaz de procesar y proyectar fines y valores, a cuya realización debía contribuir indudablemente la ponderación de la racionalidad técnico instrumental. La expansión cuantitativa y cualitativa de la burocracia sólo podía ser equilibrada con un Parlamento

---

[7] J. C. Portantiero, "Estado y crisis en el debate de entreguerras", en *Los usos de Gramsci*, México, Folios, 1981.

[8] *Economía y sociedad*, p. 1072.

fuerte y un liderazgo probado, sostenidos ambos en la legitimidad de masas.

El Parlamento, como arena de selección de élites dirigentes, aparecía como otro punto de distanciamiento frente a la fundamentación clásica de la democracia, que identificaba al Parlamento o bien con el mecanismo de refinamiento y procesamiento de la opinión pública, la escenificación del conflicto de intereses, o con el lugar de la discusión pública y la generación del consenso. Para Weber, en cambio, el Parlamento era la arena de selección de líderes:

> lo decisivo es [...] que para el caudillaje político sólo están preparadas las personas que han sido seleccionadas en la lucha política, porque toda política es, por su esencia misma, lucha. Y eso, quiérase o no lo asegura mejor el tan vilipendiado oficio de demagogo, que la sala del archivo, la cual por su parte, brinda una preparación infinitamente mejor en relación con la administración objetiva.[9]

Y la lucha político-parlamentaria, que permitía decantar y formar a esa élite política, no expresaba la voluntad popular sino que, en última instancia, permitía generar o dar forma a esa voluntad. "Porque no es la policéfala asamblea del Parlamento como tal la que puede gobernar y hacer política. [...] la amplia masa de diputados en su conjunto sólo funge como séquito del líder y lo obedece mientras tienen existo y así debe ser."[10]

En aquellos años también parecía sugerente la defensa del Parlamento frente al corporativismo. Porque si el Parlamento aparecía en el diseño weberiano como arena de recomposición de intereses mediante los partidos, también era arena de recomposición del Estado. Y allí surgía una ambigüedad que en aquellos años requería particular cautela. En su polémica con "la falacia del Estado corporativo", Weber reconocía las transformaciones introducidas por la economía de guerra, el nuevo papel de la rectoría estatal y en el plano de las transformaciones sociales, la

---

[9] *Economía y sociedad*, p. 1108.

[10] M. Weber, "Parlamento y gobierno", en *Escritos Políticos.*

presencia de los sindicatos y las organizaciones de masa. Pero este reconocimiento coexistía con la afirmación tácita de que esa nueva complejidad podía ser homogeneizada en la forma del voto. A la luz de la historia social europea y alemana posterior, leíamos con Charles Maier y con Franz Neumann el inicio de la tensión entre pluralismo corporativo y modelo parlamentario que signaría a la República de Weimar. Desde la historia de los países latinoamericanos, veíamos con cierta prudencia la dificultad de pretender traducir al poder de decisión del Parlamento, la negociación y contratación entre fuerzas económicas concurrentes o entre aparatos burocráti-cos independientes, entre grupos organizados, poderes locales, etc. En todo caso, detectábamos cierta tensión, inherente a la política contemporánea, entre el mapa que el sociólogo trazaba de esa sociedad moderna (pluralismo de las organizaciones, racionalización desde el Estado, predominio de los particularismos) y el diseño propiamente político: "Qué sería del Estado frente a ese mecanismo de grandes y pequeños cárteles capitalistas de la economía si la formulación de su voluntad fuese confiada al mandato de la organización corporativa".[11]

Pero el elemento más difícil de digerir, por sus connotaciones históricas y por la discusión latinoamericana respecto de los populismos, seguía estando referido al rasgo cesarista presente en toda democracia. Para varios intérpretes, el traslado del acento desde el Parlamento a la figura del líder, traducía la desilusión de Weber frente a los alcances del sistema parlamentario.[12] En los escritos sobre *Sociología de la religión*, el portador del carisma, dotado de rasgos o cualidades excepcionales, era aquel que enfrentaba situaciones críticas, que parecían irresolubles desde los elementos disponibles para todos. Situaciones críticas en las cuales la gracia excepcional descubría una vía de salvación. En el conflicto entre profecía y sacerdocio, entre organización hierocrática y carisma, esa irrupción carismática precisamente introducía una dinámica más o menos conflictiva con la

[11] M. Weber, "Sistema electoral y democracia", en *Escritos políticos*.

[12] Por ejemplo, David Beetham, *Max Weber y la teoría política moderna*, Madrid, Centro de Estudios Constitucionales, 1977.

tradición, con la organización y con las instituciones formalizadas. Traducida a la sociología política, la idea de la dominación carismática recuperaba esta oposición a la racionalidad construida a partir de reglas discursivamente formuladas y a las normas del pasado. También en la sociología política, más allá de cómo se valoraba objetivamente la cualidad extraordinaria en cuestión, lo importante era como esta cualidad era valorada por los adeptos. Y esa cualidad central, más allá de nuevo de los rasgos personales, parecía ser la de tener una causa, hoy diríamos, un discurso o una apelación que va más allá de lo ordinario y lo cotidiano.

Esta figura del jefe político desataría también una serie de interpretaciones divergentes. Para Mommsem era la recuperación, por parte de un gran liberal, del cesarismo, otrora considerado como enemigo mortal. Para otros, era el remanente irracional de la racionalidad moderna, la racionalidad burguesa que se negaba a sí misma en su consumación (Marcuse).

Pero para otras interpretaciones, el énfasis en la figura del liderazgo carismático recuperaba, a otro nivel, el mismo problema antes planteado en la tensión entre administración y política, democracia desencantada y valores, institucionalización e innovación, racionalidad y transformación "Descontada una inclusión activa de las masas en la esfera política, o cualquier propuesta de participación activa, descartada cualquier forma más o menos épica de productividad política colectiva" (y ésa era uno de los corolarios de la fundamentación desencantada de la democracia) ésta era casi la única manera de salvar a la política.[13] La irrupción carismática era el motor de transformación, interno a la democracia (interno porque surgía de sus estructuras) que desafiaba las tradiciones y las reglas y revitalizaba la política democrática institucionalizada.

En un nivel específico, los partidos y el sistema político, como empresas políticas eficientes requerían de ordenamien-tos racionales para organizar el apoyo de la mayoría. Pero reque-

[13] Nora Rabotnikof, *Max Weber: desencanto, política y democracia*, IIF, UNAM, 1989. Sobre una lectura más actual del modelo épico de la política, véase D. Innerarity, *op. cit.*

rían también de líderes, de los jefes más capaces para movilizar dicho apoyo en las contiendas electorales. Y en la democracia representativa, la legitimación vía sufragio universal implicaba reconocer que el cálculo utilitarista del votante no bastaba para explicar o predecir la elección, sino que esa representación era en parte posible porque el carisma describía de algún modo ese depósito de confianza en un grupo o persona que encarnan valores y opciones políticas.

El elemento cesarista, el componente carismático (como singular conjunto de rasgos individuales, pero también como condensación de valores y opciones), aparecía entonces en el corazón mismo de la democracia, no como "lo otro" o lo opuesto, sino, como la figura que condensaba todo aquello que, lo que hemos llamado la concepción desencantada, precisamente desencantaba: "el elemento de soberanía popular, de participación, de racionalidad sustantiva, de valores y aspiraciones".

El desencanto democrático

Así, el encuentro con esa democracia desencantada fue, para algunos, el aprendizaje en cierto sano escepticismo en plena euforia de las transiciones. Con todo, aceptar la democracia como régimen político, o como una cuestión de diseño institucional, significaba apostar fuerte y esperar poco. La democracia no traería necesariamente el desarrollo económico, el crecimiento, la distribución. Tampoco el triunfo de la sociedad civil, la realización del autogobierno, de la justicia o de la felicidad.

Pese a la visión desencantada de la democracia que la teoría proporcionaba, el advenimiento de las transiciones fue saludado como el cumplimiento de las viejas promesas. Como no podía tal vez ser de otra manera, las expectativas cubrían no sólo la defensa de las garantías y los derechos individuales, no únicamente la alternancia partidaria, la publicidad de los debates y la periodicidad electoral, no sólo la gestión y el gobierno, sino también nuevas formas de participación social, la transparencia en el ejercicio del poder, la plena *accountability*, y la realización de aspiraciones de justicia social y bienestar colectivo. Es decir, la realización de una serie de valores y fines, que la visión desencantada, con su énfasis en la formulación de reglas, en el diseño institucional y en los mecanismos de legitimación, parecía haber dejado de lado o colocado de manera flotante (en el carisma, en la conducción política, en la movilización conducida). Paulatinamente esas aspiraciones o va-lores se atrincheraron en formas o figuras que fueron vistas, en un primer momento, como amenazas a la democracia: las llamadas expresiones de movilización extrasistémica, diversas formas de protesta popular y sobre todo las temidas recaídas populistas.

Porque siguiendo con el vocabulario utilizado hasta ahora, se pasó de una visión no del todo desencantada de la democracia (en el sentido de un exceso de expectativas) al llamado desencanto democrático, que, a diferencia de la anterior, supone la desilusión con los logros de la democracia, y el descreimiento respecto de la política y los políticos. Es decir, a un estado de ánimo social que si bien no impugna a la democracia *in toto*, apunta a una frustración con los logros esperados. Y se vuelve entonces a hablar de populismo.

Curiosamente, el término populismo, desde la reflexión política (no desde la comunicación política), vuelve *con* la democracia. Y vuelve en las democracias consolidadas de Europa y Estados Unidos, y vuelve en los regímenes instalados al final de ese largo camino de las transiciones. Pero hay una diferencia. En sus usos anteriores (en los años sesenta y setenta) era utilizado para referir a un tipo de Estado o de política distributiva, y la figura del líder carismático weberiano se recuperaba en sus rasgos más formales: relación directa con las masas o mediante estructuras corporativizadas, debilidad o inexistencia de partidos, ausencia de pluralismo político e ideológico, interpelación al pueblo llano. Pero sobre todo, el populismo era pensado como "lo otro" de la democracia, es decir, como parte de procesos predemocráticos o directamente como fenómeno antidemocrático. Quienes hoy hablan de populismo, al menos desde la académica, lo hacen, en general, para referirse a contextos democráticos.

Lo relativamente novedoso es que, aquellos que pretenden tomarlo en serio no lo enfocan como una patología política o como una aberración de un tipo de política que, sin esos peligros, discurriría por canales normales de racionalidad democrática. Los análisis más sugerentes son aquellos que colocan esta recurrencia perturbadora de los rasgos populistas (que ahora refieren en cambio a un estilo)[14] en el corazón mismo de las complejidades de la democracia. Es decir, ya no lo ponen en relación con la modernización o el desarrollo, no lo circunscriben sólo con los contextos sociales que proporcionan sentido a los reclamos y quejas de algún movimiento en particular, sino que tratan de colocar la mirada en el corazón mismo de la democracia. O, en nuestra terminología, en el camino que va de la fundamentación desencantada al desencanto democrático.

Trato de explicarme: desde el punto de vista teórico, según esos autores, el populismo hoy parece expresar todo aquello que la concepción desencantada de la democracia había dejado analíticamente fuera: la apelación a la soberanía popular, al gobierno del pueblo, a la participación masiva y por supuesto, reivindicaciones materiales y de justicia. Desde el punto de vista práctico, el populismo de hoy aparece en contextos que hemos denominado de desencanto democrático: critica a los políticos y a la figura parlamentaria, critica a la burocracia y la corrupción, a la ineficiencia y no transparencia de un funcionamiento basado en reglas y procedimientos. Y en casi todos los casos, se trata de movimientos o pretensiones de liderazgo que aceptan el juego democrático (del golpe a los triunfos electorales) y que juegan en él.

Para entender su entrelazamiento con la democracia, es necesario volver la mirada hacia aquello que los populismos y las

[14] Como refiere Stephen Turner: "El carisma se ha transformado en un estilo personal, pero en un mundo en el que las antiguas interdicciones han perdido su poder, el estilo mismo llega a ser un asunto de éxito experimental frente al peligro social ". "Carisma Reconsidered", en *Journal of Classical Sociology*, vol. 3 (1), 2003, p. 5.

democracias (al menos en su sentido original) tienen en común: la soberanía popular y la participación. En ese sentido, algunos adaptan la dicotomía formulada por Oakshott entre política de la fe y política del escepticismo (en la que resuenan los ecos de la ética de la convicción y de la responsabilidad weberianas)[15] y hablan de una cara redentora y una cara pragmática de la política democrática. La primera promovería la salvación en este mundo vía movilización del entusiasmo popular, la segunda desconfiaría tanto del poder como del entusiasmo para defender el derecho y las instituciones.[16] Para la cara pragmática, la democracia sería vista como una forma de gobierno, y como una técnica capaz de llevar adelante una política entre otras. Para ella, la democracia significa instituciones, no sólo para limitar el poder sino para constituirlo y volverlo efectivo. La política de la fe o la cara redentora sería, en cambio, naturalmente impaciente ante las restricciones de las reglas y las instituciones Así, el populismo florecería en la brecha o en la distancia entre ambas caras, en la distancia entre una democracia rodeada del aura de la participación y los turbios manejos de la política, entre la promesa de la soberanía popular y la política como profesión, entre la expresión de la voluntad del pueblo y las mediaciones institucionales.

Los tres problemas planteados al inicio reaparecen. En primer lugar, el momento de renovación del sistema se encarna en un movimiento, un liderazgo o una cruzada de corte carismático (que construye una causa). Ello lleva a que la decisión acerca del grado y alcance de la transformación e innovación del sistema normativo (cambios en la legalidad: desde las constituyentes hasta el reconocimiento de nuevos derechos) requieran de un aura carismática (en el sentido de encarnar valores, aspiraciones, demandas ligadas al ejercicio de la soberanía popular). Y saca a la luz que ciertas decisiones pueden no derivarse del sistema normativo procedimental y, sin embargo, no ser discreciona-

[15] M. Oakshott, *The Politics of Faith and the Politics of Scepticism*, Yale University Press, 1996.

[16] Margaret Canovan, "Trust the People¡ Populism and the Two Faces of Democracy", en *Political Studies,* 47(1), pp. 2-6.

les ni arbitrarias. Y, a su vez, producir renovación en el sistema. Por último, plantean la cuestión de hasta qué punto una cierta racionalidad sustantiva (que no sólo es plural, sino que, en muchos casos, llega a concretarse en campos antagónicos) es plenamente procesable mediante procedimientos democráticos.

Curiosamente, el paralelo con la tensión entre organización hierocrática y carisma reaparece: la Iglesia, como institución en la que el carisma está rutinizado, sigue descansando en la legitimación de la *vox Dei*, y por ende, es vulnerable a los desafíos de los profetas que apelan directamente a la autoridad divina. La democracia sigue, pese a todo, apelando a la *vox populi*, sólo que cuando se aleja demasiado de ella aparecen aquellos que escuchan directamente la voz del pueblo. Dicho en términos más seculares, los brotes populistas serían pensados como mecanismos de autocorrección que emergen en la brecha entre promesas y desempeños. Y esas instituciones democráticas necesitan brotes ocasionales de fe como medio de renovación que ayuda a vivificar los ideales originales. En otras interpretaciones, el populismo se convierte en el elemento democrático en los sistemas representativos contemporáneos, encarnando al mismo tiempo una cara subvertidora del orden institucional existente y la posibilidad de un nuevo orden alternativo, operando sobre las fracturas (demandas incumplidas o incumplibles) del régimen vigente.[17]

Nos puede quedar la duda si efectivamente esas irrupciones cumplen una función terapéutica y renovadora o si, afilando las aristas autoritarias presentes ya en la noción de carisma, constituyen el peligro, o "lo otro" de la democracia representativa. O que, en lugar de esa función innovadora, puedan llegar a ser un falso remedio que agrava las dolencias de la democracia. Es posible que algunos piensen que quienes oponen populismo

---

[17] Ernesto Laclau, *La razón populista*, FCE, 2005. En este texto, aunque la figura carismática tradicional es interpretada en términos de estrategias discursivas, la lógica del populismo termina identificada con la lógica de lo político *tout court.* Véase también Guy Hermet, *Les populismes dans le monde*, París, Fayard, 2001 y Oliver Ihl *et al.*, *La tentation populiste en Europe*, París, La Decouvete, 2003. En todos estos trabajos, los elementos de "racionalidad sustantiva" asociados al problema del carisma se colocan en el juego entre *outsiders* e *insiders*.

a democracia siguen prisioneros de una visión aún "heroica" de la política, de un espíritu incapaz de resucitar en una época desencantada.

Pero en cualquier caso, desde un punto de vista teórico, pareciera que en eso que hoy vuelve a ser llamado populismo, reencarnan esos nudos irreductibles de la política, difíciles de digerir o de ser automáticamente procesados por la racionalidad institucional.[18] Esos nudos que remiten a formas de entender y pensar la política que intuíamos como problemáticos ya hace 25 años. Tal vez ello nos hable, una vez más, de la renovada actualidad política de Weber.

[18] Es decir, no la posibilidad de disolver las contradicciones, sino la de transformarlas en otras.

Ulises Schmill*

Sentido de la tesis de la complementariedad de las teorías de Weber y Kelsen

El siguiente ensayo tiene la finalidad fundamental de establecer una comparación entre las teorías de Max Weber y Hans Kelsen sobre la forma en que construyen su problemática teórica y su concepto del Derecho. La comparación es muy instructiva debido a que ambas teorías son *complementarias*. Las diferencias entre el concepto del Derecho en ambas teorías se encuentra condicionado por la diversidad de perspectivas doctrinales, una sociológica y la otra filosófica. Para introducir al lector en estas dos perspectivas teóricas complementarias, resulta muy ilustrativo transcribir el siguiente texto de Max Rheinstein, contenido en la introducción al libro de Max Weber *Law in Economy and Society*, la cual concluye con las siguientes palabras que podemos aceptar de manera cabal:

> Estos hechos de que las ideas existen en las mentes de los hombres realmente y que de hecho influyen la conducta social, pertenecen al mundo del "ser"; las ideas mismas, sin embargo, al ámbito del "deber ser" (ought). Ambos constituyen campos de investigación, aquél del científico social, éste del abogado y del jurista analítico. Sus investigaciones requieren, sin embargo, de métodos distintos. Sólo confusión puede resultar cuando son mezclados entre sí. En la pureza del método han insistido

* Este texto se presentó originalmente bajo el título "La construcción del concepto del Derecho en las teorías de Weber y Kelsen: Su continuidad teórica".

tanto Weber, como sociólogo, como Kelsen, el jurista. Sus trabajos son complementarios. Kelsen, en su teoría pura del Derecho, se ocupa de las normas y su estructura. ¿Cuál es la característica distintiva de esas ideas que son normas jurídicas frente a otras ideas? ¿En qué formas estas ideas están relacionadas con las ideas referentes al Estado? ¿En qué orden están las ideas jurídicas relacionadas unas con otras? Ésta es la problemática planteada por Kelsen. ¿Por qué las gentes tienen estas ideas jurídicas? ¿Cómo obtienen su contenido? ¿Cómo y por qué cambian? ¿En qué formas estas ideas influyen la conducta social? Ésta es la problemática planteada por Weber. (Max Rheinstein, "Introduction" a Max Weber, *Law in Economy and Society,* Harvard University Press. 1969).

Hemos de demostrar la complementariedad de ambas doc-trinas, tarea que parece imposible a primera vista, aunque Kelsen se percató claramente de ello, como lo mostraremos más adelante. Huellas de la sociología comprensiva de Weber son notorias desde las primeras páginas de la *Teoría pura del Derecho*. Debe hacerse notar que Kelsen analizó las tesis de la sociología comprensiva de Weber en un importante libro *El concepto sociológico y el jurídico del Estado. Investigación crítica de las relaciones entre el Estado y el Derecho* (CSJE) (*Der Soziologische und der Juristische Staatsbegriff. Kritische Untersuchung des Verhältnisses von Staat und Recht)*, muy escasamente traducido y citado, lo que nos motiva a exponer los comentarios contenidos en este trabajo de Kelsen a las tesis de Weber, para comprobar la complementariedad mencionada. Es muy significativo que el capítulo donde expone y comenta las tesis weberianas sobre el Estado lo denomina "El Estado como orden jurídico en las categorías de la 'sociología comprensiva' (Max Weber) *(Der Staat als Rechtsordnung in den Kategorien der "verstehenden Soziologie"* [Max Weber]), en el que demuestra que Weber identifica, con terminología sociológica, al Estado con el orden jurídico, que es una tesis típicamente kelseniana. Lo que acontece es que los sociólogos, prescindiendo de los conceptos normativos de manera explícita, los utilizan, sin embargo, implícitamente, como puede fácilmente descubrirse con un análisis detallado de los presupuestos de dicha terminología. Entremos *in medias res.*

Max Weber

a) Perspectiva teórica de Max Weber

Tenemos que determinar, primeramente, cuál es la perspectiva teórica de la que parte Max Weber en la construcción de los conceptos fundamentales de su teoría sociológica. En su principal obra teórica *Economía y sociedad* (ES), desde su primer párrafo, establece las líneas fundamentales que delimitarán el campo de sus investigaciones:

> Debe entenderse por sociología (en el sentido aquí aceptado de esta palabra, empleada con tan diversos significados): una ciencia que pretende entender, interpretándola, la acción social para de esa manera explicarla causalmente en su desarrollo y efectos. (Weber, ES, p. 5.)

Sólo un genio como Weber puede en una frase concentrar una multiplicidad enorme de conceptos. Para ello, deben definirse los conceptos de "acción", "acción social", las causas de la acción y, entre ellas, las causas que son significados o sentidos de la acción, los desarrollos y efectos de la misma, el concepto de "entender", etc. No es el objeto de este ensayo intentar hacer una explicación exhaustiva de estos conceptos, respecto de los cuales únicamente intentaremos exponer los más fundamentales. Comencemos con el concepto de "acción", el cual ha sido explicitado por el propio Weber:

> Por "acción" debe entenderse una conducta humana (bien consista en un hacer externo o interno, ya en un omitir o permitir) siempre que el sujeto o los sujetos de la acción *enlacen* a ella un *sentido* subjetivo. (*idem.*)

El presupuesto de estos conceptos lo podemos encontrar en las consideraciones metodológicas que hace Weber en su complicada refutación a Stammler (SCMH). Para entender cabalmente sus conceptos, debemos tener presente dos dimensiones de toda acción humana: una dimensión puramente física, perceptible por los sentidos, y una dimensión no perceptible: el sentido o significado de la acción. El hombre liga a su acción o a sus omisiones un sentido determinado, particular del individuo cuya conducta quiere entenderse. Weber expone estos conceptos de la siguiente manera:

> Dos hombres, quienes por lo demás están fuera de toda "relación social" –dos nativos de diferentes tribus, o un europeo que encuentra en el África negra a un nativo–, "intercambian" dos objetos cualesquiera. Por consiguiente, uno pone –y con toda razón– el énfasis en una simple descripción de lo externamente perceptible del hecho ocurrido: el movimiento de los músculos, si eventualmente se habla, los tonos, todo lo que, por decirlo así, conforma la "física" de lo ocurrido y cuya "esencia" en manera alguna se capta. Por cierto, esta "esencia" consiste, en el sentido que ambos imputan a su comportamiento exterior y este "sentido" de su comportamiento presente representa de nuevo una "regulación" de su comportamiento futuro. Sin la existencia de este "sentido" –uno puede expresarse así–, un "intercambio" ni es realmente posible ni conceptualmente construible. ¡Completamente cierto! La circunstancia de que los signos "exteriores" sirvan como "símbolos" es uno de los presupuestos constitutivos de toda relación "social" [...] Si yo ubico un "separador de lectura" en un "libro", lo que con posterioridad es perceptible "externamente" del resultado de esta acción es únicamente eso, un "símbolo". La circunstancia de que una tira de papel u otros objetos estén grapados entre dos hojas tiene un "significado" sin cuyo conocimiento el separador de lectura para mí sería inútil y carente de sentido, y la acción en sí misma también sería causalmente "indescifrable" [...] está presente el proceso externamente perceptible, pero no el "proceso completo": el "sentido" de estas medidas cuyo contenido [...] es lo que les imprime su carácter, lo que les da "significado" [...] Separemos ahora conceptualmente el "sentido" que nosotros encontramos "expresado" en un objeto o un proceso de las partes componentes del mismo. Cuando nosotros abstraemos de plano aquel "sentido" dejando inalterados los demás elementos y denominamos a esta consideración, que refleja exclusivamente el estado de los elementos, como consideración "naturalista", entonces tenemos enseguida un concepto de "naturaleza" distinto de los anteriormente tratados. Naturaleza es entonces, "lo carente de sentido", más exactamente, un proceso *llega a ser* naturaleza, *si* nosotros no le preguntamos a él por el "sentido". Sin embargo, es comprensible por sí mismo que lo contrapuesto a "naturaleza" [...] es [...] justamente lo que está "lleno de sentido", es decir, el "sentido" atribuido a un objeto o a un proceso, el sentido "que *puede* ser descubierto en él". (Weber, SCMH, pp. 119-121. Énfasis añadido por USO.)

Aquí se tocan temas fundamentales.[1] De los dos elementos de que se compone toda acción u omisión, uno, los movimientos corporales son la "física" de dicha acción y su "esencia", la que lo caracteriza unívocamente, es el sentido que el actor enlaza a esos movimientos o a sus efectos. Por ello, dice que "naturaleza" son las consideraciones en las que no interviene el sentido, lo carente de sentido propiamente dicho.

Lo interesante de todo ello se puede ver en lo que expresa Weber en otro trabajo, en donde afirma que el sentido de una acción puede ser a) existente de hecho, lo cual se presenta con dos modalidades: i) en un caso históricamente dado o ii) como promedio en una determinada masa de casos. Pero adicionalmente, el sentido puede ser construido en un "tipo ideal" con actores del mismo tipo. (Cf. Weber, ES, p. 6.)

b) Función metodológica de los "tipos ideales"

¿Cuál es la función de la construcción de "tipos ideales" en la sociología? A mi entender tiene la misma función que, en otro campo, tiene la ley de la inercia (la primera ley de Newton): ningún cuerpo se mueve en línea recta con velocidad uniforme sin influencia de ninguna fuerza externa o permanece en su estado de reposo, a menos que una fuerza lo perturbe. Éste es el "tipo ideal" del movimiento. Todo movimiento real de cualquier objeto se encuentra bajo la influencia de diversas fuerzas, por lo que no encontramos, sino de manera aproximada en ciertas circunstancias, movimiento alguno que se ajuste al contenido de la ley de la iner-

[1] Cf. el ensayo de B. F. Skinner, "Un análisis operante de la solución de problemas", en *Contingencias de reforzamiento. Un análisis teórico* (CR). Trad. Edgar Galindo Cote, México, Trillas, 1979, pp. 131-133, en donde se encuentra un análisis muy interesante del significado de la construcción de estímulos discriminativos. El "separador de lectura" de Weber es un estímulo discriminativo para Skinner, igual que las marcas de tiza en las maletas en el aeropuerto, que describe el psicólogo conductista. Muchos de los conceptos de la sociología comprensiva de Weber se dejan formular en la teoría de la conducta operante de Skinner. Sobre este punto véase el intento hecho por el autor de este ensayo en su libro CJKS.

cia. Pero la ley de la inercia nos permite "construir" conceptualmente la descripción exacta de los movimientos reales, por medio de la adición de las fuerzas que inciden en el objeto estudiado. Lo mismo pasa con el "tipo ideal":

> El "sentido" del comportamiento "externo" de los dos sujetos que intercambian cosas, puede ser considerado en dos direcciones lógicas distintas. Primero, como "*idea*": nosotros podemos preguntar, ¿cuáles consecuencias en el orden conceptual se pueden encontrar en el "sentido" que nosotros –los observadores– atribuimos a un proceso concreto de esta clase?; o ¿cómo se incorpora este "sentido" a un sistema conceptual en donde a "lo lleno de sentido" se lo comprenda en forma más amplia? Desde estos puntos de vista ya elaborados, podemos ocuparnos con la "valoración" del transcurso empírico del proceso. Nosotros podríamos preguntar, por ejemplo, ¿cómo debería ser el comportamiento "económico" de Robinson Crusoe, si estuviese impulsado por las últimas consecuencias lógicas de su pensamiento? (así procede la teoría de utilidad marginal). Nosotros podríamos "evaluar" su comportamiento empírico en aquel patrón conceptualmente investigado. Y justamente en el mismo plano podríamos preguntar: ¿cómo se "deberían" comportar los dos "individuos que intercambian" objetos, con posterioridad a la ejecución externa del acto de entrega, a efecto de que su forma de obrar corresponda a la "idea" de intercambio?, es decir, con ello nosotros podríamos hallar conforme a la conducta, las consecuencias lógicamente pensadas del "sentido" que *nosotros* encontramos en su acción. Por lo tanto, nosotros *salimos* de los hechos empíricos que transcurren *fácticamente* asociados de acuerdo a representaciones y que en determinada forma poseen cierto "sentido", pero no aquel sentido detalladamente claro y metódicamente investigado, sino el confuso y vago que se asocia a lo externamente perceptible. *Abandonamos* entonces el terreno de lo empírico y preguntamos: ¿cómo se deja construir en forma conceptual el sentido de la acción de los participantes, sin que se genere una contradicción con el sistema ideal del que se deriva? Transitamos, entonces, por la "dogmática del sentido". (Weber, SCMH, pp. 121-122.)

De lo anterior, Weber saca la siguiente conclusión:

> El método científico consistente en la construcción de *tipos* investiga y expone todas las conexiones de sentido irracionales, afectivamente condicionadas, del comportamiento que influyen en la acción, como "desviaciones" de un desarrollo de la misma "construido" como pura-

mente racional con arreglo a fines. Por ejemplo, para la explicación de un "pánico bursátil" será conveniente fijar primero cómo se desarrollaría la acción fuera de todo influjo de afectos irracionales, para introducir después, como "perturbaciones", aquellos componentes irracionales. De igual modo procederíamos en la explicación de una acción política o militar: tendríamos que fijar, primero, como se *hubiera* desarrollado la acción de haberse conocido todas las circunstancias y todas las intenciones de los protagonistas y de haberse orientado la elección de los medios –a tenor de los datos de la experiencia considerados nosotros como existentes– de un modo rigurosamente racional con arreglo a fines. Sólo así sería posible la imputación de las desviaciones a las irracionalidades que las condicionaron. La construcción de una acción rigurosamente racional con arreglo a fines sirve en estos casos a la sociología –en méritos de su evidente inteligibilidad y, en cuanto racional, de su univocidad– como un *tipo* (tipo ideal), mediante el cual comprender la acción real, influida por irracionalidades de toda especie (afectos, errores), como una desviación del desarrollo esperado de la acción racional. (Weber, ES, p. 7.)

Ésta es la metodología de los tipos ideales, la cual permite comprender, por la adición al tipo ideal de aquellos elementos que constituyen desviaciones del curso construido intelectualmente, con arreglo a fines, de la acción humana, de manera completamente análoga a como en la física, que construye las leyes del movimiento uniforme y rectilinio, que permite la determinación (construcción) intelectual de los movimientos empíricamente observables, con la adición de las fuerzas o perturbaciones que modifican el curso del movimiento ideal del objeto.

1. Primer comentario de Kelsen

*Kelsen comenta que la metodología del tipo ideal es la construcción de una conducta racional con arreglo a fines y constituye un "esquema de significación" (*Deutungsscheme*, expresión que utiliza en la TPD1 y TPD2, en la primera traducido por Jorge G. Tejerina como "esquema de interpretación" y en la segunda, por Roberto J. Vernengo como "esquema de explicitación conceptual", lo cual no es correcto). Considera que el Estado en el sentido de la sociología comprensiva es claramente un "tipo ideal", una construcción conceptual de conducta estrictamente racional con arreglo a fines, es decir, un sistema teleológico pensado, que se utiliza como "esquema de significación" de la conducta humana. Una conducta humana se entiende como estatal en la medida que se corres-*

*ponda con estos esquemas de significación. Se utilizan estos esquemas de significación en la comprensión de la conducta real, como si los hombres se comportaran siempre de manera teleológicamente racional. Si la conducta real no se corresponde con estos esquemas de significación, Weber los considera "desviaciones" (*Abweichung*). La sociología comprensiva, como Weber siempre ha enfatizado, está dirigida a la conducta real de los hombres. Pero esta conducta sólo se puede entender, por lo menos con base en los tipos ideales que se han podido construir, sólo en la medida que la conducta real se corresponda con el contenido del tipo ideal construido conceptualmente.* (Cf. Kelsen, CSJE, p. 158.)

c) El concepto de la "relación social"

Weber, una vez que ha establecido el concepto de "sentido" de una conducta, define en forma constructiva a la "relación social", como una conducta plural que, por el sentido que encierra, se presenta como recíprocamente referida, orientándose por esa reciprocidad. (Weber, ES, p. 21.) Es de hacerse notar el esfuerzo por prescindir de conceptos normativos para la comprensión de la relación social. Después de haber definido la "relación social", manifiesta lo siguiente:

> La relación social *consiste*, pues, plena y exclusivamente, en la *probabilidad* de que se actuará socialmente en una forma (con sentido) indicable; siendo indiferente, por ahora, aquello en que la probabilidad descansa. (Weber, ES, p. 5). La relación social *consiste* sola y exclusivamente –aunque se trate de "formaciones sociales" como "estado", "iglesia", "corporación", "matrimonio", etc.– en la *probabilidad* de que una forma determinada de conducta social, de carácter recíproco por su sentido, haya existido, exista o pueda existir. Cosa que debe tenerse siempre en cuenta para evitar la *sustancialización* de estos conceptos. (*Ibid.*, ES, p. 22.)

Con estas palabras, pareciera que Weber permanece en el campo de las puras descripciones de acontecimientos reales. Es muy importante la observación de que debe evitarse toda sustancialización, considerando como existente, de manera independiente y autónoma, el sentido de la relación social.

2. Segundo comentario de Kelsen

Kelsen transcribe el texto anterior y comenta que la esencia del "Estado", en distinción con la iglesia o el matrimonio, se encuentra claramente en el contenido significativo específico de conductas humanas y no en las contracciones musculares sin relación con el sentido o significación de la conducta. "El Estado es el sentido específico de ciertas conductas" (Kelsen, CSJE, p. 159.) *Observa que sin duda alguna es importante la frecuencia o la probabilidad con la que se realizan ciertas conductas, con determinado sentido, pero la probabilidad de la ocurrencia de ciertas conductas debe distinguirse del contenido significativo de dichas conductas. Sólo por el contenido significativo pueden distinguirse las diversas conductas de las formaciones sociales diferentes. La esencia del Estado, la iglesia, el matrimonio puede captarse cuando las observaciones se dirigen al contenido de sentido de las mismas y no a los movimientos sin significado de las conductas externas (idem). Inmediatamente después Kelsen hace una crítica certera a Weber, respecto del siguiente texto: "Un 'estado' deja, pues, de existir sociológicamente en cuanto desaparece la 'probabilidad' de que ocurran determinadas acciones sociales con sentido"* (Weber, ES, p. 22). *La crítica de Kelsen consiste en que en este párrafo Weber se olvida del contenido significativo de las conductas y se concentra en la "probabilidad" de su realización efectiva. "El Estado ya no es el sentido de una conducta, sino esta misma conducta.* (Kelsen, CSJE, p. 159.)

*A continuación, Kelsen observa que Weber destruye el uso cotidiano de las palabras cuando se habla de la "existencia" del Estado de igual manera que se habla de la "existencia" de procesos y objetos perceptibles. El Estado es objeto de las consideraciones sociológicas comprensivas como el sentido de ciertas conductas, como contenido significativo, como sistema teleológico o como esquema de significación y sólo como tal existe, de igual manera como existe el teorema de Pitágoras: su existencia (*Existenz) *es su "validez"* (Geltung) *y "por ello, es una esencia distinta de la efectividad de la conducta, cuyo sentido es"* (Seine "Existenz" ist seine G e l t u n g, und darum ist er w e s e nverschieden von der Tatsächlichkeit del Handlungen, deren Sinn er ist). (Kelsen, CSJE, pp. 159-160). *Por ello, observa que de la misma manera que la probabilidad de que el hombre piense o exprese dicho teorema no se identifica con el mismo, no puede identificarse el Estado con la probabilidad de que se realice la conducta con el contenido significativo peculiar de él.* (*Ibid.* p. 160.)

Para seguir construyendo de manera sistemática sus conceptos sociológicos, Weber hace dos observaciones: Uno, que una relación social puede tener carácter transitorio o permanente, entendiendo por esta permanencia

> ...que exista en este caso la probabilidad de la *repetición* continuada de una conducta con el sentido de que se trate (es decir, la tenida como tal y, en consecuencia, esperada). La *existencia* de relaciones sociales consiste tan *sólo* en la presencia de esta "chance" –la mayor o menos *probabilidad* de que tenga lugar una acción de un sentido determinado y *nada* más... (Weber, ES, p. 22.)

d) Formulación lingüística del sentido de una relación social

Dos, lo que podríamos denominar "consagración lingüística del sentido de una relación social":

> El sentido que constituye de un modo *permanente* una relación, puede ser formulado en forma de "máximas" cuya incorporación aproximada o en término medio pueden los partícipes *esperar* de la otra u otras partes y a su vez orientar por ellas (aproximadamente o por término medio) su propia acción. (*Ibid.*, p. 23)
>
> The meaningful content which remains relatively constant in a social relationship is capable of formulation in terms of maxims which the parties concerned expected to be adhered to by their partners on the average and approximately. (Trad. Edward A. Shils en Max Weber, *Law in Economy and Society*, editado por Max Rheinstein, Harvard University Press, 1969.)

Me importa destacar tres conceptos involucrados en estos párrafos: 1. la permanencia del sentido en una relación social, 2. su formulación lingüística en "máximas" y, consecuentemente, 3. la "esperanza" o probabilidad de que la otra parte de la relación orientará su conducta conforme al sentido de la relación, es decir, conforme a la máxima.

Hay que distinguir entre dos conceptos importantes: el de regularidad y el de orden. En la conducta social se pueden observar regularidades de diversa índole:

> Se pueden observar en la acción social regularidades de hecho; es decir, el desarrollo de una acción repetida por los mismos agentes o extendida a muchos (en ocasiones se dan los dos casos a la vez), cuyo sentido *mentado* es típicamente homogéneo. (Weber, ES, p. 23.)

Ésta es una simple descripción empírica que constata el hecho de que la acción con el sentido mentado por los sujetos se repite regularmente.

e) Concepto de "orden"

Pero cuando existe la permanencia en el sentido de la acción y se ha consagrado lingüísticamente el sentido de tal relación permanente en una o varias máximas, entonces es posible construir el concepto de "orden", de la siguiente forma:

> § 5. 2. Al "contenido de sentido" de una relación social le llamamos: a) "orden" cuando la acción se orienta (por término medio o aproximadamente) por "máximas" que pueden ser señaladas. (*Ibid.*, p. 25.)

3. Tercer comentario de Kelsen

Kelsen observa que Weber designa al Derecho como un "orden". Pero un orden es un específico "contenido significativo" de relaciones sociales, el cual sólo puede caracterizarse con el concepto del "deber ser" (*Sollens*), como regla de deber ser o norma. Indica que Weber afirma que la "Validez de un orden significa para nosotros algo más que una regularidad en el desarrollo de la acción social simplemente determinada por la costumbre o por una situación de intereses" (Weber, ES, p. 25). La "validez de un orden", dice Kelsen, aparece en tanto que el transcurso o secuencia de la conducta (transcurso o secuencia establecida por el orden) se encuentra garantizada "por la 'validez' de un orden (reglamento de servicio), como mandato cuya transgresión no sólo acarrearía perjuicios, sino que (normalmente) se rechaza por el 'sentimiento del deber' del propio funcionario (efectivo, sin embargo, en muy varia medida (sic))". La traducción al inglés de este texto es más concorde con el texto alemán, por lo que lo transcribo a continuación: "but regularly also by the validity of an order (viz., the civil service rules) as a command the violation of which will not only involve detriments but will also, at least normally, be obhorrent to his sense of duty in the value-rational manner". (Weber, LES, p. 3.)

Estas máximas pueden constatar la regularidad, o pueden ser establecidas voluntariamente. Lo que importa destacar es que existe un orden sólo cuando existen formuladas las máximas que contienen el sentido de una relación social y la acción se orienta efectivamente por el contenido de sentido de esas máximas.

4. Cuarto comentario de Kelsen

Observa Kelsen que estas "máximas" son equivalentes a las "normas" que configuran un orden (Kelsen, CSJE, p. 162).

f) El concepto de la "validez" de un orden

El concepto de la "validez" de un orden lo expresa Weber de la siguiente manera:

> Y sólo hablaremos b) de una "validez" de este orden¨, cuando la orientación de hecho por aquellas máximas tiene lugar porque en algún grado significativo (es decir, en un grado que pese prácticamente) aparecen válidas *para* la acción, es decir, como obligatorias o como modelos de conducta. De hecho, la orientación de la acción por un *orden* tiene lugar en los partícipes por muy diversos motivos. Pero la circunstancia de que, al lado de los otros motivos, por lo menos para una parte de los actores aparezca ese *orden* como obligatorio o modelo, o sea, como algo que *debe ser*, acrecienta la probabilidad de que la acción se oriente por él y eso en un grado considerable. (Weber, ES, p. 25)

5. Quinto comentario de Kelsen

Kelsen dice que esta construcción desemboca en lo siguiente: si se designa como "orden" el contenido significativo de ciertas conductas, el actor con su conducta conecta la representación de una norma, que establece esa conducta como debida. Si el orden, como contenido significativo, es idéntico a la norma, entonces la validez de este orden es idéntico con el "deber ser" (*Sollen*). A continuación, Kelsen considera que no es correcto el deslizamiento terminológico que lleva Weber al denominar "validez" lo que Kelsen denomina "efectividad", como probabilidad de ejecutar los contenidos significativos en que las normas consisten. Todo ello demuestra que para la sociología comprensiva el orden, como conjunto de máximas o reglas, es concebido como conjunto de normas. (Kelsen, CSJE, p. 162.)

g) El problema de la obligatoriedad del orden

El problema teórico es el siguiente: ¿cuándo podemos considerar que el orden es obligatorio, que la conducta que lo ejecuta *debe ser*?, ¿cuándo las máximas constitutivas del orden se consideran obligatorias? ¿bajo qué condiciones las máximas aparecen como válidas para la acción?

El inicio de una solución se encuentra en las afirmaciones de Weber al describir la regularidad con la que un funcionario acude a su oficina a realizar sus funciones, en contraposición a una mera regularidad en la conducta cuando no interviene orden alguno:

> Empero, cuando un funcionario acude todos los días a su oficina a la misma hora, tal ocurre *no sólo* por causa de una costumbre arraigada, ni sólo por causa de una situación de intereses –que a voluntad pudiera o no aceptar–, sino también (por regla general) por la "validez" de un orden (reglamento de servicio), como mandato cuya transgresión no sólo acarrearía perjuicios, sino que (normalmente) se rechaza por el "sentimiento del deber" del propio funcionario (efectivo, sin embargo, en muy varia medida) (Weber, ES, p. 25.)

Shils traduce la parte final de este párrafo de la siguiente manera:

> ...but regularly also by the validity of an order (viz., the civil service rules) as a command the violation of which will not only involve detriments but will also, at least normally, be abhorrent to his sense of duty in the value-rational manner. (*Ibid.*, p. 3.)

Se observa una regularidad de la conducta. Se pregunta por el motivo de esas conductas permanentes y regulares. Eso puede acontecer por costumbre o por una constelación de intereses, como el caso de un vendedor que visita regularmente a sus clientes. Pero en una multiplicidad de regularidades de conducta se encuentra un motivo específico que difiere de los demás: se encuentra una máxima, cuyo contenido se considera que debe orientar la conducta, es decir, determinarla. Esa máxima es considerada como un modelo verbal de la conducta a seguir, como una conducta que debe realizarse y ser concorde con la conducta significada en la máxima. Entonces se predica la "validez" del orden constituido por las máximas correspondientes.

> § 5. La acción, en especial la social, y también singularmente la relación social, pueden orientarse, por el lado de sus partícipes, en la *representación* de la existencia de un *orden legítimo.*

La representación de unas máximas que orientan la conducta de manera efectiva, es uno de los elementos que determinan que se lleve a cabo la conducta.

h) Motivos de la obligatoriedad de un orden

La obligatoriedad de una máxima, el que los partícipes la consideren como obligatoria, que estatuye conductas que *deben ser* ejecutadas, puede ser atribuida por los motivos o consideraciones siguientes:

§ 7. Los que actúan socialmente pueden atribuir validez *legítima* a un orden determinado:

a) en méritos a la *tradición*: validez de lo que siempre existió;
b) en virtud de una *creencia afectiva* (emotiva especialmente): validez de lo nuevo revelado o de lo ejemplar;
c) en virtud de una *creencia racional con arreglo a valores*: vigencia de lo que se tiene por absolutamente valioso;
d) en méritos a lo *estatuido positivamente*, en cuya *legalidad* se cree. (Weber, ES, p. 29.)

Para nuestras finalidades, resulta muy interesante la atribución de validez legítima, la marcada con el inciso d), que es la más común en los tiempos modernos. Según Weber, consiste en la "... obediencia a preceptos jurídicos positivos estatuidos según el procedimiento usual y *formalmente* correctos". (*Ibid.*, p. 30.)

Entramos ahora a una parte central de la teoría jurídica de Weber. Ya tenemos el concepto de orden y de validez del orden, así como los motivos de legitimidad. Debemos ahora exponer el concepto del Derecho y relacionarlo con los criterios de legitimidad expuestos.

i) El concepto del Derecho

Sin avanzar en el concepto del Derecho de Austin, Weber dice que un orden debe llamarse

Derecho: cuando está garantizado externamente por la probabilidad de la *coacción* (física o psíquica) ejercida por un *cuadro de individuos* instituidos con la misión de obligar a la observancia del orden o de castigar su transgresión. (*Ibid.*, p. 27.)

Debemos observar, en primer lugar, que el orden, el conjunto de máximas, se llama Derecho cuando se encuentran garantizadas externamente. La garantía consiste en los medios que se utilizan para conseguir que la conducta real se ajuste efectivamente al contenido de las máximas. El medio que se utiliza para obtener tal finalidad consiste en la existencia de un "cuadro de individuos instituidos con la tarea de obligar a la observancia del orden o sancionar su transgresión". Es de suma importancia señalar que el orden es un elemento determinado y el cuadro de individuos que ejercen la coacción, es externo al orden, es decir, su conducta "no" forma parte del orden cuya validez *garantizan*. El orden se llama Derecho cuando se encuentra en relación con un cuerpo externo de individuos que garantizan la validez del orden. Esta garantía debe entenderse como elementos que determinan o condicionan que los sujetos del mismo orienten de hecho su conducta por el contenido de sentido de las máximas constitutivas del orden. El orden garantizado externamente "no" es el que instituye al cuadro coactivo, aunque la existencia de este cuadro coactivo es el que determina la juridicidad del orden. Para Weber lo decisivo en el concepto del Derecho es la existencia del cuadro coactivo, de la misma manera que lo es para Rudolf von Ihering, e incluso para Georg Jellinek, quien consideraba que el Derecho era un conjunto de normas cuya ejecución estaba "garantizada", en un sentido más amplio que en Weber.

> Para nosotros lo decisivo en el concepto del "derecho" (que para otros fines puede delimitarse de manera completamente diferente) es la existencia de un *cuadro coactivo* [...] Desde luego, según la terminología aquí aceptada (como conveniente) no puede en realidad designarse como derecho a un orden que sólo esté garantizado por la expectativa de la reprobación y de las represalias de los lesionados –es decir, convencionalmente y por la situación de intereses– y que carezca de un cuadro de personas especialmente *destinado* a imponer su cumplimiento. (*Ibid.*, p. 28.)

6. Sexto comentario de Kelsen

No se oculta en lo anterior la definición del Derecho como un conjunto de normas coactivas, aunque dada la orientación de la sociología de Weber se hable de "probabilidad". (Cf. Kelsen, CSJE, p. 160.)

Si se relaciona este concepto del Derecho con el de la legitimidad derivada del concepto de lo estatuido positivamente y en cuya legalidad se cree, nos encontramos con un orden, conjunto de reglas o normas, cuya efectividad está garantizada externamente por un cuadro coactivo y que se considera obligatorio porque son "preceptos jurídicos positivos estatuidos según el procedimiento usual y formalmente correctos". (Weber, ES, p. 30.) En consecuencia, el orden del Derecho, en la Época Moderna, es aquel orden normativo que adquiere su normatividad por dos hechos fundamentales:

a) porque es un orden garantizado externamente por la existencia de un cuadro coactivo;
b) porque ese orden ha sido estatuido formalmente de manera correcta, es decir, siguiendo un determinado procedimiento.

> La disposición a avenirse con las ordenaciones "otorgadas", sea por una persona o por varias, supone siempre que predominan ideas de legitimidad y –en la medida en que no sean decisivos el simple temor o motivos de cálculo egoísta– la creencia en la *autoridad* legítima, en uno u otro sentido de quien impone ese orden. (*Ibid.*, p. 30.)

Esto nos conduce directamente al concepto de "dominación", la cual debe entenderse como "la probabilidad de encontrar obediencia a un mandato de determinado contenido entre personas dadas". (*Ibid.*, p. 43.) Por lo tanto, el orden está constituido por mandatos que se cumplen u obedecen. Casi como un eco de las palabras de Austin y Jellinek, Weber dice:

> El concepto de *dominación* [...] sólo puede significar la probabilidad de que un *mandato* sea obedecido [...] La situación de dominación está unida a la presencia actual de *alguien* mandando eficazmente a *otro*, pero no está unida incondicionalmente ni a la existencia de un cuadro administrativo ni a la de una asociación; por el contrario, sí lo está ciertamente –por lo menos en todos los casos normales– a *una* de ambas. (*Idem.*)

En este párrafo se puede observar que Weber sólo tiene frente a sí los actos de obediencia o desobediencia efectiva a un mandato.

j) El concepto de "asociación"

Es, por otra parte, pertinente analizar el concepto de "asociación":

> § 12. Por *asociación (Verband)* debe entenderse una relación social con una regulación limitadora hacia fuera cuando el mantenimiento de su orden está garantizado por la conducta de determinados hombres destinada en especial a ese propósito: un *dirigente* y, eventualmente, un *cuadro administrativo* que, llegado el caso, tienen también de modo normal el poder representativo. (*Ibid.*, p. 39.)

Debe notarse que el cuadro administrativo, destinado a rea-lizar los fines de la asociación, no es un cuadro coactivo. Es un conjunto de personas encargadas de ejecutar las finalidades de la asociación y es perfectamente comprensible que este cuadro tenga su orden normativo no coactivo. Las personas se organizan, plantean sus finalidades, hay un dirigente y un cuadro administrativo destinado a la realización de las finalidades planteadas por el orden de la asociación.

> La acción de la asociación consiste en: a) la conducta legítima del cuadro administrativo que, en méritos de los poderes de gobierno o representación, se dirige a la realización del orden de la misma; b) la conducta de los partícipes en la asociación en cuanto *dirigida* por las ordenanzas de ese cuadro administrativo. (*Idem.*)

Cabe preguntar hasta qué grado una asociación, con su orden interno que distribuye los poderes de los dirigentes y del cuadro administrativo, puede existir sin coacción interna o externa. Weber observa que una asociación "es siempre en algún grado *asociación de dominación* por la simple existencia de un cuadro administrativo". (*Ibid.*, p. 43.)

7. Séptimo comentario de Kelsen

Con ello, como Kelsen lo demuestra, el orden de la asociación es un conjunto de normas coactivas (Kelsen, CSJE, p. 164.)

> Una asociación de dominación debe llamarse asociación *política* cuando y en la medida en que su existencia y la validez de sus ordenaciones, dentro de *un ámbito geográfico* determinado, estén garantizados de un modo continuo por la amenaza y aplicación de la fuerza física por parte de su cuadro administrativo
>
> Por *estado* debe entenderse un *instituto político* (asociación cuyas ordenaciones estatuidas han sido "otorgadas" y rigen de hecho con respecto a toda acción que con determinadas características dadas tenga lugar en el ámbito de su poder) de actividad continuada, cuando y en la medida en que su cuadro administrativo mantenga con éxito la pretensión al *monopolio legítimo* de la coacción física para el mantenimiento del orden vigente. (Weber, ES, pp. 43-44.)

8. Octavo comentario de Kelsen

Finalmente, dice Kelsen, el Derecho es idéntico al Estado, es decir, el Estado es un orden jurídico. (Kelsen, CSJE, p. 168.) El Derecho es un conjunto de normas coactivas y lo decisivo del Estado es la posesión de un cuadro coactivo, que forma una asociación, la cual tiene un orden normativo que regula la acción de la misma. La identidad entre el Estado y el Derecho es clara y definitiva. Dice Kelsen que el concepto de "monopolio" está tomado de la ciencia económica, para referirse a lo que los juristas llaman "soberanía". (*Idem.*) El Derecho se presenta como, según su esencia, un orden soberano, en tanto que no es derivable de ningún otro orden y que aparece como el supremo. (*Idem.*)

El Estado es un orden eficaz, que tiene una ordenación interna, es una asociación de dominación, que mantiene con éxito el monopolio legítimo de la coacción física. Por lo tanto, el concepto de "mandato" es central en esta conceptualización y lo mismo el concepto de la organización del cuadro coactivo. Muchas consecuencias pueden deducirse de estos conceptos, los que no podemos deducir en este lugar. Weber estuvo a un milímetro de considerar que el orden de la asociación de dominación era el Derecho, pero no lo hizo porque el concepto de mandato, como en Austin, tiene como sujeto destinatario del mismo, no al cuadro coactivo, sino a los sujetos cuya conducta regula.

> Caracteriza hoy formalmente al Estado el ser un orden jurídico y administrativo –cuyos preceptos pueden variarse– por el que se orienta la actividad –"acción de la asociación"– del cuadro administrativo (a su vez regulado por preceptos estatuidos) y el cual pretende validez no sólo frente a los miembros de la asociación –que pertenecen a ella esencialmente por nacimiento–, sino también respecto de toda acción ejecutada en el territorio a que se extiende la dominación (o sea, en cuanto instituto territorial). Es además característico: el que sólo exista coacción "legítima" en tanto que el orden estatal la permita o prescriba (por ejemplo, este orden deja al padre "poder disciplinario"; el resto de lo que fue en su tiempo potestad propia del señor de la casa, que disponía de la vida de hijos y esclavos). (Weber, ES, p. 45.)

9. Noveno comentario de Kelsen

Dice Kelsen que toda la construcción o arquitectura del sistema conceptual de Weber conduce directamente al conocimiento de que el Estado es un orden jurídico. Con ello, se revela que la sociología del Estado es teoría del Derecho. (Kelsen, CSJE, p. 169.)

Tendríamos que concluir, con lo hasta aquí dicho, que el orden de la asociación política es normativo siempre y cuando sea efectivo porque los sujetos que lo ejecutan son motivados por algunos de los elementos que atribuyen legitimidad a un orden. Si el orden de la asociación política es legítimo, entonces sus ordenaciones deben considerarse como válidas, es decir, como obligatorias, como un modelo de conducta, estableciendo un deber ser.

Esta normatividad la obtiene de un conjunto de elementos que han sido denominados por Weber: a) por la tradición; b) la creencia afectiva; c) creencia racional con arreglo a valores, y d) legalidad.

Todo lo anterior nos lleva a la conclusión de que los elementos que determinan que un orden (máximas que orientan efectivamente la conducta) se considere válido (como modelo de conducta considerada obligatoria) son extraños y ajenos al orden.

10. Décimo comentario de Kelsen

La legitimidad es caracterizada por Weber como garantía de que las máximas sean un modelo de conducta y tengan carácter obligatorio, con lo que de nuevo se confirma que los conceptos normativos se encuentran en la base de estas tesis de la sociología comprensiva. (Cf. Kelsen, CSJE, p. 168.)

k) Las "máximas" de la legitimidad

Podríamos decir que "la atribución de validez legítima a un orden determinado" puede formularse a su vez en una o varias máximas, las que entonces se constituyen en un orden superior determinante de la legitimidad de la validez del orden al que se refiere. Podríamos formular estas meta-máximas fundantes de la obligatoriedad o validez de otro orden, de la siguiente manera, según la clasificación weberiana:

– Debes comportarte conforme a la tradición;

> La validez de un orden en méritos del carácter sagrado de la tradición es la forma más universal y primitiva. El temor a determinados perjuicios mágicos fortaleció la traba psíquica para toda variación en las formas habituales en inveteradas de las conductas; y los varios intereses que suelen estar vinculados al mantenimiento de la sumisión al orden vigente, cooperan en la dirección de su conservación. (Weber, ES, p. 30.)

–Debes comportarte conforme a lo nuevo revelado o a lo que consideres ejemplar;

> Primitivamente, creaciones *conscientes* de un orden nuevo fueron debidas a oráculos proféticos o, por lo menos, se presentaron como revelaciones consagradas proféticamente y tenidas, por tanto, como santas [...] El sometimiento dependió entonces de la creencia en la legitimidad de

los profetas. En las épocas dominadas por un riguroso tradicionalismo, la formación de órdenes "nuevos", es decir, que se consideran como tales, sólo era posible, de no ocurrir por la revelación aludida, mediante la consideración de que en realidad habían sido válidos desde siempre pero *no bien* conocidos, o que habiendo estado oscurecidos por algún tiempo venían a ser *redescubiertos* en ese momento. (*Idem.*)

–Debes comportarte conforme lo que consideres absolutamente valioso;

El tipo más puro de una validez racional con arreglo a valores está representado por el *derecho natural*. Cualquiera que haya sido su limitación frente a sus pretensiones ideales, no puede negarse, sin embargo, el influjo efectivo y no insignificante de sus preceptos lógicamente deducidos sobre la conducta. (*Idem.*)

–Debes comportarte conforme a lo estatuido positivamente en cuya legalidad crees.

La forma de legitimidad hoy más corriente es la creencia en la *legalidad*: la obediencia a preceptos jurídicos positivos estatuidos según el procedimiento usual y *formalmente* correctos. (*Idem.*)

Debe observarse que la normatividad de un orden se atribuye, en Weber, a un conjunto de elementos ajenos o extraños (que se encuentran fuera) del orden al cual legitiman. Como elementos determinantes de la representación de la legitimidad de un orden, se encuentran dentro de la problemática de la sociología. Encontramos señaladas determinadas causas del surgimiento de estas representaciones de la legitimidad.

Nuestras cuatro meta-máximas de la legitimidad constituyen la formulación semántica de los elementos que atribuyen legitimidad a un orden. Debe observarse que en 5.1 de *Economía y sociedad* Weber habla de un mandato implícito en la va-lidez. Es por ello que pueden formularse las máximas de la legitimidad. En estas máximas, la palabra "debe" está significando la normatividad correspondiente, no una obligación.

Hans Kelsen

1. Exposición de la construcción de su concepto del Derecho

Las siguientes consideraciones toman como punto de referencia la primera gran obra teórica de Kelsen, los *Haupt-probleme* (HP), que contiene las tesis que serían el fundamento de toda su ingente labor teórica durante setenta años. He seleccionado esta obra, para explicar el concepto del Derecho de Kelsen como un orden coactivo de la conducta humana, por la originalidad de sus planteamientos y porque nunca he visto que autor alguno exponga su contenido en estos temas. En libros posteriores, Kelsen afirma, como un axioma, que el Derecho es un orden coactivo de la conducta humana y que este concepto será el fundamento de toda su elaboración teórica, sin hacer explícitos los razonamientos que lo condujeron, en su primera obra (HP), a esa conclusión fundamental. Más tarde, en 1925 dice:

> Considero que mi misión consiste en desenvolver los objetos tratados hasta ahora bajo el nombre de "Teoría general del Estado" partiendo de un principio fundamental único: la idea del Estado como orden coactivo de la conducta humana. En tanto que he logrado este propósito, paréceme que he establecido u sistema natural en lugar de uno artificial, y que en lugar de un complejo de cuestiones sólo externamente enlazadas entre sí, he creado una conexión real interior y, por tanto, verdaderamente sistemática. Pero, al mismo tiempo, el descubrimiento de esta conexión confirma la verdad del mencionado principio fundamental: la idea normativa se comprueba en su virtualidad sistemática. (Kelsen, TGE, p. viii.)

Es sabido que la raíz filosófica de la teoría pura del Derecho lo constituye la filosofía trascendental kantiana. Incluso, estoy convencido de ello, la categoría central de la teoría es el concepto o categoría de la "imputación periférica", que juega en la ciencia jurídica un papel análogo al de la causalidad en las ciencias naturales de fundamento matemático.

La teoría de Kelsen tiene la gran virtud, como lo ha señalado Stanley L. Paulson, de ser una teoría positivista sobre el Derecho, que ha prescindido de conceptos morales o teológicos, en general, metafísicos, para fundamentar la normatividad del material jurídico. El Derecho es un *orden autónomo de normas*, independientemente de cualquier "norma" moral o religiosa. Éste es uno de los sentidos de la *pureza metódica* afirmada por Kelsen. Algunos iusnaturalistas han afirmado que la normatividad del Derecho la obtiene de su fundamento moral o de justicia. Ésta es la *concepción heterónoma de la normatividad* jurídica. Si la anterior caracterización es correcta, uno de los problemas centrales a los que tiene que enfrentarse la teoría es establecer los conceptos que permitan afirmar la existencia de la normatividad, concebida *autónomamente*, sin recurrir a ningún tipo de moralidad o de entidades metafísicas, como Dios o una peculiar concepción de la naturaleza. Dice Kelsen:

> Así como Kant pregunta cómo es posible una interpretación, libre de toda metafísica, de los hechos dados a nuestros sentidos en las leyes naturales formuladas por la ciencia natural, la teoría pura del derecho pregunta: ¿cómo es posible la interpretación, que no eche mano de autoridades metajurídicas, como dios o la naturaleza, del sentido subjetivo de ciertos hechos, como un sistema de normas jurídicas válidas objetivamente, describibles en enunciados jurídicos? (Kelsen, TPD2, pp. 207-208.)

Es paradójico que el concepto de legitimidad de Weber, de la legalidad de lo estatuido positivamente, como el cuarto criterio de legitimidad, que en principio es una concepción heterónoma de la normatividad, se convierta en una concepción autónoma de ella, en la medida en que no se recurre a ningún elemento externo al conjunto de normas estatuidas. Es la tendencia hacia la constitución de un orden normativo independiente, como parte de la evolución histórica, creadora de sistemas autónomos en los diversos campos de la cultura.

a) El deber ser (sollen)

Kelsen se encuentra en la misma corriente de pensamiento que hemos expuesto de Jellinek y Weber y plantea la misma problemática: cómo transitar de la sociología a la jurisprudencia, del poder a la normatividad. Con una influencia claramente kantiana y weberiana se pregunta sobre el tránsito del sentido subjetivo de un acto de dominación o de mando al sentido objetivo de una norma integrante de un orden jurídico, o para expresarlo en la intuitiva terminología de Hart, el tránsito del "verse obligado a" a "estar obligado a". Parte del supuesto de que el Derecho consiste en conjuntos de normas que disponen que algo debe hacerse o producirse, *deber ser* que constituye el sentido de actos de voluntad dirigidos al comportamiento de otros sujetos, que comprende, entre otros, los actos de dominación por los cuales un sujeto que expresa su voluntad de que otro se comporte en cierta forma. Pero el sentido de los actos dirigidos al comportamiento de otros, que se expresa con las palabras *deber ser (sollen)*, también comprende el sentido de los actos de permisión, de prohibición y de facultamiento.

> Cuando un hombre, a través de una acción cualquiera, exterioriza la voluntad de que otro hombre actúe en determinada manera: cuando ordena, o permite o faculta [Vernengo traduce la palabra alemana *ermächtigt* con la palabra *autoriza*, lo que no es del todo correcto, por lo que usaré siempre la palabra *faculta, facultad (Ermächtigung)* y derivadas] esa conducta, el sentido de su acción no puede ser descrito con el enunciado que afirma que el otro así actuará, sino sólo con el enunciado de que el otro así debe actuar [...] En esto la palabra "deber" (*sollen*) es utilizada aquí en un significado más extenso que el usual. Conforme a los usos corrientes lingüísticos, un "debe" sólo tiene correspondencia con el ordenar algo; el "esta permitido", con una permisión; el "puede", con un facultamiento (*Ermächtigen).* Aquí, empero, designaremos con "deber ser" (*sollen*)[2] el

[2] Nuevamente debo apartarme de la observación de Vernengo en el sentido de que el verbo modal *sollen* debe traducirse simplemente con la palabra "deber" y no con la expresión "deber ser". Yo me atendré a esta última traducción, por dos razones: una, porque ha adquirido carta de ciudadanía en la literatura jurídica en español, y dos, porque puede dar lugar a ser confundida con la palabra "obligación". En alemán no hay lugar a confusión alguna: para la expresión "deber ser" corresponderá siempre la palabra modal *sollen*; para la palabra "obligación" corresponderá el sustantivo *Pflicht*. En español, lamentablemente, se utiliza la palabra "deber", "debido" con el significado de obligatorio.

sentido normativo de un acto orientado intencionalmente al comportamiento de otro. (Kelsen, TPD2, p. 18.)

2. *Rendimiento fundamental de la teoría de Kelsen: la imputación periférica*

El origen del concepto de la imputación periférica se encuentra en el concepto de la voluntad, tal como este concepto es expuesto en los *Hauptprobleme* (HP).

a) Análisis del concepto de voluntad

Uno de los conceptos que se discuten con mayor acuciosidad en esta obra genial es el concepto de voluntad, comprendido desde el punto de vista de la psicología. La finalidad de esta elucidación de un concepto psicológico consiste en hacer po-sible una delimitación conceptual de este concepto con el concepto, de idéntico nombre, que utiliza la jurisprudencia. El concepto de voluntad que utiliza la jurisprudencia debe distinguirse, con toda claridad y énfasis, del que utiliza la psicología, pues se trata de dos ciencias diferentes, con orientaciones metodológicas distintas: una es una ciencia explicativa causal y otra es una ciencia normativa, es decir, que tiene por objeto de estudio a normas. Con fundamento en el principio metódico de la pureza, no podría consistentemente hacer uso del concepto psicológico dentro del campo de la normatividad.

Sin que de manera inmediata esclarezca su significado, afirma: "Las siguientes investigaciones parten del principio de que el derecho objetivo es la voluntad del Estado". (Kelsen, HP, p. 83.)

De la tesis que la norma jurídica es la voluntad del Estado, depende la solución del problema de la esencia y de la forma lógica de la norma jurídica. Esta tesis se impone a la conciencia del investigador de manera muy clara cuando la norma jurídica no es el producto inconsciente de las costumbres, donde lo que de hecho acontece se acerca demasiado a lo que debe acontecer, pues la norma no es otra cosa que el significado idéntico de los actos humanos repetidos durante un cierto tiempo en una determinada comunidad.

> Mientras la creación del derecho corre, exclusiva o preferentemente, a cargo de la costumbre, mientras sólo vale como derecho lo que de hecho se practica, nada más fácil que considerar como el sujeto o portador del orden jurídico, no al Estado, sino a la comunidad cuyo comportamiento efectivo y constantemente reiterado determina el contenido de aquellas normas que el Estado, con sus órganos, no hace otra cosa que aplicar [...] Conforme va relegándose a segundo plano la creación consuetudinaria de derecho y triunfa, en el Estado moderno, el principio de la legislación consciente, va ganando también terreno aquella teoría que concibe al derecho objetivo como la voluntad del Estado. Y se comprende que así sea, pues a partir del momento en que tampoco el *contenido* de las normas jurídicas es determinado por el "pueblo" a través de la costumbre, en que las organizaciones estatales absorban también el proceso de la creación jurídica, en que las *condiciones* formales de lo que ha de acatarse como derecho aparecen expresadas por el propio orden jurídico mediante los preceptos a que ha de atenerse el proceso legislativo, va destacándose cada vez más el papel del Estado en relación con el problema de la naturaleza del derecho objetivo. (*Ibid.*, pp. 83-84.)

Este párrafo presenta claramente el contraste entre la legislación inconsciente de la costumbre y la consciente del Estado moderno. Enseguida, Kelsen investiga el concepto psicológico de la voluntad, para determinar si es el mismo concepto que utiliza la jurisprudencia y la teoría del Estado cuando se habla de que el derecho es la "voluntad" del Estado.

> Se denomina, así, voluntad la aspiración que va asociada a la noción de un fin o de una meta. Ahora bien, la aspiración es una actividad de la conciencia por medio de la cual "se produce o se prepara un cambio en el estado o en el contenido de la conciencia, haciendo surgir en ella algo nuevo o venidero, lo cual se caracteriza por el hecho de que con ello se provocan, se mantienen o acrecientan los sentimientos agradables y disminuyen, se eliminen o rechazan los desagradables". (*Ibid.*, p. 93. Cita de Jodl, *Lehrbuch der Psychologie*, 3ª ed., 1908, t. II, p. 58.)

Dice Kelsen, con un notable parecido a la concepción conductista, que el punto de partida de todo acto de voluntad es un sentimiento de insatisfacción o descontento, de penuria, el que va estrechamente unido a la aspiración a superar lo que tiene de desagradable. Para ello, debe intervenir una noción adicional: la idea de un medio apto o causalmente eficiente para acabar con la sensación de penuria o dolor o insatisfacción. Es clara la similitud de esta concepción con las tesis que Freud, amigo de Kelsen, propuso en diversas obras demasiado conocidas, especialmente en *Más allá del principio del placer*.

> Fijémonos, ante todo, en cómo discurre el proceso de la voluntad cuando el medio representado sea un medio exterior. Volvemos encontrarnos aquí con dos posibilidades. Puede ocurrir que, para satisfacer la aspiración de que se trata, baste con realizar un movimiento corporal propio, o bien que el proceso encaminado a la satisfacción consista en un cambio operado en el mundo exterior que circunda a nuestro cuerpo. Este cambio, a su vez, puede ser causalmente producido por un movimiento corporal propio, pero puede también ocurrir que la propia reflexión le diga a uno que no es posible obtener por este medio el resultado satisfactorio apetecido. Ahora bien, cuando la reflexión nos dice que es posible llegar a la meta de la satisfacción por medio de un movimiento corporal propio o de un resultado exterior causalmente determinado por él, se produce una acción peculiar sobre los nervios motores, los que a su vez, ponen en movimiento los músculos, hasta obtener el movimiento corporal mentalmente representado que conduce a la satisfacción directa o pone en movimiento aquella serie causal en el término o en el transcurso de la cual se produce el resultado exterior conducente a la satisfacción. En cambio, si no se da la noción de que un movimiento corporal propio sirve para conducir *causalmente* un resultado dirigido a la satisfacción no se producirá el impulso que actúe sobre los nervios motores. Al descargarse el impulso sobre los nervios motores, el acto de voluntad ha terminado. (Kelsen, HP, p. 93.)

En esta concepción, la meta final de toda actividad es la obtención de satisfactores o la eliminación del dolor o de lo desagradable. Si una determinada actividad del propio cuerpo conduce a la meta de obtener lo que agrada o apartar lo que desagrada, piensa Kelsen que esto va unido a una determinada noción, es decir, un conocimiento de lo operado en el mundo externo por medio de movimientos de nuestro cuerpo. El contenido de esta noción no es otra cosa que la del medio conducente a la satisfacción o eliminación de lo desagradable. La materia de esta noción, el medio, es también querido. Por otra parte, cuando el medio para obtener la satisfacción o eliminación de lo desagradable no es un objeto o acontecimiento exterior, sino un cambio puramente interno, no acontece la descarga sobre los nervios motores. En este caso, el acto de voluntad es un proceso enteramente interno. (Cf. *ibid.*, p. 94.)

> Resumiendo lo que llevamos dicho, vemos que lo querido, en sentido psicológico, es un estado o un proceso que nos representamos mentalmente, en unión de una actividad propia que desarrollaremos para satisfacer una aspiración. (*Ibid.*, p. 96.)

b) Esquemas simbólicos del concepto de voluntad

Si utilizamos algunos símbolos para representar el contenido de estos conceptos, entonces tenemos, como primer elemento, un sujeto al que podemos representar como O_1. En adición, se está considerando el movimiento corporal del sujeto, al que representamos como $O_1(a)$; (a) denota a los movimientos corporales del sujeto O_1. Estos movimientos corporales producen efectos en el entorno del sujeto, es decir, son el inicio de una serie causal de elementos exteriores, que se producen con independencia del sujeto, como efectos del movimiento o movimientos de su cuerpo. Esto lo podemos representar de la siguiente manera:

(1) $O_1(a) \rightarrow C_{1,} C_{2,} C_3 \ldots C_n$

en donde las C_1 son los acontecimientos externos, causalmente producidos por los movimientos corporales de O_1. Hay un elemento faltante en esta representación tipográfica de los conceptos expuestos: la “noción” o “representación” que acompaña a todo acto de voluntad.

Por lo tanto,

(2) $O_{1\,(\text{representación})}(a) \rightarrow C_{1,} C_{2,} C_3 \ldots C_n$

En (2) tenemos esquematizado los elementos centrales en la concepción de Kelsen. La representación se encuentra insertada inmediatamente después del símbolo del sujeto O_1 para indicar que es algo interno a él. Pero la representación tiene un contenido determinado, en el caso C_3, es decir, es la representación de un acontecimiento exterior futuro producido por los movimientos del cuerpo de O_1.

> A la pregunta de cuál es la relación existente entre la ley causal y el concepto psicológico de la voluntad –sin querer plantear con ello el problema de si la voluntad es o no libre– podría contestarse del modo siguiente: en sentido psicológico, no se quiere nunca más que el contenido de una representación. El acaecer efectivo congruente con el contenido de esta representación no debe considerarse nunca como "querido", sino, en ciertas y determinadas circunstancias –no siempre–, como causalmente producido por la voluntad. (Kelsen, HP, p. 99.)

Esto lo podemos esquematizar de la siguiente manera:

(3) $O_1\,(_{\text{representación}=}C_3)\,(a) \rightarrow C_{1,} C_{2,} C_3 \ldots C_n$

en donde el contenido de la representación es C_3. La congruencia entre el contenido de la representación del sujeto y el acontecimiento externo generado causalmente, puede ser esquematizado de la siguiente manera:

$$O_1\,(_{\text{representación}=}C_3)\,(a) \rightarrow C_{1,} C_{2,} C_3 \ldots C_n$$

|______________________↑

(=)

Nos falta un elemento: el estado de carencia o insatisfacción del sujeto, estado del cual se percata, es decir, un estímulo aversivo S_{av}, en relación con el cual tiene la noción o representación de la relación causal entre su movimiento corporal y la producción de un resultado exterior concordante con el contenido de su representación. Esto lo podemos esquematizar de la siguiente manera:

$$(3)\ \ Sav \cdot O_1\,(_{representación\,=}C_3)\,(a) \rightarrow C_{1,}\,C_{2,}\,C_3 \ldots C_n$$

$$\underbrace{\qquad\qquad\qquad\qquad\qquad\uparrow}_{(=)}$$

En relación con la relación de concordancia entre el contenido de la representación y los acontecimientos producidos por los movimientos corporales del sujeto, podemos decir, de acuerdo con la tesis de Kelsen, que todas las consecuencias distintas de C_3, causadas por un movimiento voluntario, no son queridas:

> De ahí que sea también inexacto el definir la voluntad, simplemente, como la causa de nuestros movimientos corporales, según lo hacen numerosos juristas. (Deben ser considerados como fundadores de esta corriente Zitelmann y Becker.) Hay, en efecto, movimientos corporales que responden a una voluntad como causa y otros que no son "queridos". Tiene razón Sigwart cuando dice que quien descarga el martillo sobre el dedo, en vez de descargarlo sobre la cabeza del clavo, como se proponía, realiza un movimiento voluntario, pero no querido, es decir, su movimiento tiene como causa la voluntad, pero no puede decirse que sea "querido", ya que no se halla en consonancia con la representación de la voluntad. Se representa, se quiere un movimiento y se ejecuta en realidad otro (Kelsen, HP. p. 99.)

Esto puede representarse de la siguiente manera:

$$(4)\ \ Sav \cdot O_1\,(_{representación\,=}C_3)\,(a) \rightarrow C_{1,}\,C_{2,}\,C_3^{+} \ldots C_n$$

$$\underbrace{\qquad\qquad\qquad\uparrow\_\_\uparrow\_\_\_\_\_\uparrow}_{(\neq)}$$

Las consecuencias o efectos del o de los movimientos corporales de O_1, es decir, C_1, $C_2 \ldots C_n$ no son coincidentes o congruentes con el contenido de la representación, que solamente es C_3, el cual conduce a la satisfacción del sujeto, lo que está indicado de esta manera C_3^{+}. Lo que se quiere es el estado que es el contenido de la representación, en el caso, $O_1\,(_{representación\,=}C_3)$.

> Cuando se quiere un estado o proceso representado, el hecho de que se produzca o no, es indiferente en cuanto al problema de la voluntad. El que un resultado exterior querido se produzca tal y como había sido propuesto dependerá de la exactitud de la representación que el sujeto de la voluntad tenga de la conexión causal tal y como se da en el mundo exterior. Si se trata de que le resultado sea causalmente producido por el movimiento corporal propio, seguirá siendo querido aunque de hecho no llegue a producirse por efectos de perturbaciones imprevistas. (*Idem.*)

Observa Kelsen que cuando se quiere un estado o un proceso determinado, la voluntad ha tenido lugar aunque el estado o proceso no se produzca exteriormente por operancia de la causalidad. La realización exterior del suceso querido es independiente de la voluntad. (*Idem.*)

Con objeto de hacer patente lo fructífero de estos conceptos, transcribiré el siguiente párrafo de Kelsen, que contiene una cita de Sigwart:

> El piloto de un vapor, ante el cual se interpone un barco de vela y que, conscientemente, deja de hacer la maniobra necesaria para esquivarlo, es considerado con razón como culpable del abordaje y de sus consecuencias, aunque, considerado mecánicamente su proceder, no haya hecho nada y la violencia del choque sea, desde este punto de vista, un resultado de la fuerza del vapor, debiendo considerarse el abordaje, en este sentido, como un hecho fortuito y el rumbo de cada barco como algo determinado por causas muy dispersas entre sí.
>
> En las anteriores consideraciones, es evidente que la mirada de nuestro autor aparece empañada por una reflexión específicamente ética: aquella en que el piloto es considerado *con razón* como *culpable* del abordaje. Puede el piloto haber *querido* que el choque se produjera, puede, incluso, ser culpable de él; lo que en modo alguno puede es haberlo causado, desde el momento en que no ha hecho *nada.* Desde el punto de vista "mecánico" –que no es otro que el de la conexión causal–, el comportamiento adoptado aquí por el piloto no es nada; no es, por tanto, una causa. Cabe perfectamente querer, proponerse un fin y alcanzarlo y, sin embargo, no producirlo causalmente. (*Ibid.*, p. 101.)

Por ello concluye, acertadamente, que es un error pensar que toda imputación de un hecho a un sujeto tiene como base una relación causal. La imputación tiene una base normativa, no causal, como lo muestra el ejemplo puesto.

c) La voluntad del Estado

¿Qué significa adscribirle una voluntad al Estado? La primera posibilidad que se presenta es la de considerar que la voluntad del Estado es una voluntad psicológica. La única manera de poder afirmar esto es incurriendo en hipóstasis imposibles de sostener, como son las existentes dentro de las teorías que hablan del alma de los pueblos o la psique de las naciones. Tiene que afirmarse enfáticamente que toda psicología es necesariamente psicología individual (cf. Kelsen, TGE, p. 11: "Toda Psicología es justamente psicología individual, porque no hay más que almas individuales"), sin que pueda aceptarse la existencia de un alma colectiva o de una voluntad del legislador, que no son otra cosa que burdas hipostatizaciones (cf. *ibid.*, p. 12) de cierto orden de cosas y la proyección del concepto de persona o sujeto humano a estas formaciones. El problema, si quiere evitar lo anterior, consiste en determinar cómo es posible que la voluntad individual de una persona (el monarca) o un grupo de personas (la asamblea parlamentaria) pueda adscribirse o imputarse al orden social correspondiente, dentro del cual el monarca y los diputados quieren, en algunos casos, ciertas conductas de los súbditos. Se debe preguntar por el fundamento de esa imputación, no operar con base en una hipostatización de un orden normativo determinado. Ya se demostró anteriormente que la imputación no tiene ni puede tener una base causal, sino siempre es un fundamento normativo el que constituye el elemento que permite hacer la imputación de una cierta conducta a un sujeto.

Kelsen hace, en este capítulo VI de su obra, una refutación, a mi modo de ver, definitiva de esta clase de conceptos, la cual no debo repetir en este lugar. El Estado actúa por conducto de sus órganos, legislativos, ejecutivos y judiciales. Es una ficción imputar la conducta de los titulares de esas funciones orgánicas al pueblo, a la voluntad general, a Dios, etc. La imputación de una cierta clase de actos de uno o varios individuos sólo puede imputarse al Estado si dichos actos están regulados jurídicamente como tales.

> El acto de una persona física sólo se determina como "acto de un órgano" cuando se realiza en cumplimiento de una voluntad del Estado. La actividad de una persona, cualquiera que ella sea, sólo puede envolver un acto del Estado [y es] el acto de un órgano de él cuando represente la aplicación de una ley, la ejecución –en el más amplio sentido de la palabra– de la voluntad del Estado. Antes de que la autoridad aplique al delincuente la pena legal, de que el juez dicte el fallo, de que el funcionario de prisioneros encierre al delincuente en una celda, tiene que existir una voluntad del Estado de que estos actos se realicen, puesto que de actos del Estado se trata; esa voluntad del Estado debe darse por supuesta como existente, pues de otro modo habría que considerar los actos en cuestión como actos *arbitrarios* emanados *simplemente* de las personas físicas que los realicen. Pues bien, esta voluntad del Estado tiene que encontrarse en la ley. En la ley –y solamente en ella– proclama el Estado su voluntad de castigar y de ejecutar las sentencias de los tribunales, cuando se dan los requisitos establecidos para ello, de socorrer a los pobres y construir caminos, de concertar tratados y declarar la guerra. (Kelsen, HP, p. 150-151.)

Por lo tanto, la voluntad del Estado no puede ser ningún proceso psíquico de hombre alguno o de cualquier conjunto de hombres, por idéntico que pueda ser el contenido de sus voluntades individuales. La imputación de ciertos actos de personas físicas determinadas al Estado, es un proceso que no tiene un sustento en la causalidad, sino que su fundamento y su posibilidad se encuentran en las normas jurídicas.

> Ahora bien, si nos preguntamos cuál es el principio con arreglo al cual se opera esta clase de imputación y cuáles son los hechos que se hallan sujetos a ella, en otras palabras, qué actos son actos del Estado, la respuesta nos la dará la *norma jurídica*: es la ley –entendida como el conjunto de las normas jurídicas– la que establece expresamente cómo quiere obrar el Estado y bajo qué condicionas obra, por medio de sus órganos. (*Ibid.*, pp. 156-157.)

Estos conceptos fueron adquisiciones teóricas que nunca fueron abandonados por Kelsen en el curso de su larga trayectoria teórica de más de sesenta años. En estas afirmaciones se encuentra *in nuce* la teoría de la identidad del derecho y el Estado, de consecuencias tan fecundas.

d) Estructura de la norma jurídica y su fundamento.

Éstos fueron los fundamentos teóricos que condujeron a Kelsen a afirmar que la estructura de la norma jurídica no era un imperativo, sino un juicio condicional o hipotético. La estructura de la norma jurídica, su expresión dependerá exclusivamente del contenido que deba dársele a la voluntad estatal.

> Para quien concibe la voluntad en sentido ético-jurídico como una construcción erigida con vistas a la imputación viendo en la voluntad del Estado, concretamente, el punto común de imputación de los actos de los órganos cualificados como actos del Estado, es evidente que éste no puede querer otra cosa que sus *propios* actos. Sólo puede reputarse como "querido" en sentido ético-jurídico lo imputado; ahora bien, decir comportamiento imputado vale tanto como decir comportamiento "propio". Un acto o una omisión se consideran como "ajenos" con respecto a una persona cuando no le son imputados a esta persona, sino a otra. Hablar de un acto o una omisión "propios" de una persona, significa en otras palabras, que ese acto o esa omisión se le imputan. (*Ibid.*, p. 163.)

Esta tesis se encuentra en contradicción directa con las tesis tradicionales sobre el derecho y algunas de cuño moderno y hasta contemporáneo. El Estado sólo puede querer sus propias conductas. Esto significa que no puede querer las conductas ajenas, por lo menos de manera directa. Pero todas las teorías sobre el derecho afirman que lo que el Estado quiere es que los súbditos, los demás, realicen ciertas conductas que se estiman beneficiosas y eviten otras que se consideran perjudiciales. El destinatario de las normas jurídicas son los súbditos, no los órganos del Estado. Kelsen es enfático en la presentación de estas tesis tradicionales:

> Con arreglo a esta concepción dominante con carácter general en el campo de la jurisprudencia, lo que el Estado "quiere" en la norma jurídica no es, ni mucho menos, su propio comportamiento, sino un comportamiento de los otros sujetos de derecho y, concretamente, una conducta a tono con el orden jurídico, es decir, una serie de actos u omisiones ajustados a derecho. Lo que el Estado "quiere" –tal como lo entiende el criterio general– es que sus súbditos no roben, no estafen, no asesinen, restituyan las cantidades recibidas en préstamo, paguen el precio convenido en concepto de compra, hagan efectivos los impuestos, cumplan el servicio militar, etcétera. (*Ibid.*, p. 164.)

Ésta podría ser llamada la concepción que realiza la *inversión copernicana en la jurisprudencia*: ya el derecho no es contemplado como un orden de la conducta de las demás personas, de los súbditos, sino como un orden que regula su propio comportamiento y de esta manera, y sólo de esta manera, regula el comportamiento de las demás personas. Las obligaciones de los súbditos vienen a ser como un reflejo secundario de las normas que regulan la conducta del propio Estado. Se ha realiza la *inversión copernicana* en el modo de comprender al derecho: ya el Sol no gira en torno a la Tierra, sino la Tierra en torno al Sol; de igual manera, el derecho ya no regula la conducta de los súbditos directamente, no gira alrededor de ellos, sino que ellos giran alrededor del Estado, pues éste regula su propia conducta y sólo por ello, de manera secundaria y refleja, regula la conducta de los demás sujetos de derecho. Esta tesis alguna vez se ha imputado a Alf Ross (Ross, SDJ, pp. 57 y ss.) alumno de Kelsen, el cual la ha expuesto con mucho énfasis, pero cuyo origen se encuentra en la primera obra de Kelsen que hemos citado profusamente

No es, por tanto, de extrañar que la concepción tradicional considere como la forma de la norma jurídica al imperativo, a la orden o al mandato dirigido a los súbditos, lo que se explica por las siguientes consideraciones: si la voluntad del Estado, si lo que el Estado "quiere", es que los súbditos se comporten de cierta manera estimada beneficiosa y omitan la que considera perjudicial, entonces las normas que emita tendrán que especificar la conducta querida por el Estado, que no es otra que la conducta del súbdito constitutiva de un deber u obligación y la forma adecuada para ello es la emisión de un imperativo, de una orden o mandato que especifique como debida esa conducta querida.

> La voluntad dirigida, sola y exclusivamente, a un comportamiento ajeno encuentra su expresión en la orden. A los ojos de la doctrina dominante, la norma jurídica se manifiesta bajo la forma de una orden o prohibición. Y esta manera de concebir el derecho objetivo se caracteriza generalmente bajo el nombre de teoría imperativa. (Kelsen, HP, p. 164.)

Es en este punto que resultan trascendentes las investigaciones sobre el concepto psicológico de la voluntad, para contrastarlo con el concepto ético-jurídico. Incluso desde el punto de vista psicológico

> ...sólo se pueden reputar como queridos los movimientos corporales *propios*, es decir, los actos propios, en un sentido mecánico causal. Aunque el concepto de la voluntad se haga extensivo –como lo hace Zitelmann– a la llamada serie ampliada de actos, considerando también como queridas las consecuencias causales de los movimientos del propio cuerpo, jamás se podrá calificar de "querido" un acto ajeno, pues también éste supondrá como causa –así enfocado el problema– una voluntad, la voluntad del sujeto agente, y no la del que quiso el acto primitivo. Y esta voluntad jamás podrá encontrarse *dentro* de lo que Zitelmann [...] la serie ampliada del acto cuyos eslabones se hallan enlazados entre sí con necesidad causal, ya que la voluntad, desde el punto de vista ético-jurídico, tiene que ser siempre y bajo cualesquiera condiciones, una voluntad *libre*. (*Ibid.*, p. 165.)

Cuando interviene una segunda voluntad el asunto se complica, sobre todo si el sujeto destinatario del mandato es considerado como teniendo una voluntad libre, lo que significa que ella es el origen de la conducta y no una causa externa.

e) Crítica a la teoría imperativa de las normas

Inmediatamente después, Kelsen recuerda algunos funda-mentos que ya han sido expuestos y que es necesario dejar sentados en este lugar, con el objeto de que se consideren cuando se presente la argumentación relativa a la forma condicional en que se expresa a la norma jurídica. Recordemos los supuestos psicológicos de los que parte Kelsen:

1. La conducta de los hombres, como la de cualquier ser vivo, responde toda ella y de manera exclusiva y sin excepción alguna, al principio de la propia conservación o del egoísmo, en el sentido más amplio que esta palabra pueda tener. (*Ibid.*, p. 174.)
2. La voluntad del hombre busca siempre su propio bien, lo cual significa alcanzar los beneficios y evitar los perjuicios, acrecentar el placer y disminuir el dolor.
3. El punto de partida de todo acto volitivo es un estado de insatisfacción, que hemos representado por Sav. (Cf. *supra*, p. 66.)
4. La superación de este estado de insatisfacción Sav es la meta final del impulso que va asociado a la noción de un medio para conseguirlo, impulso que es precisamente lo que llamamos "voluntad".

Según esto, si queremos mover a alguien a obrar de determinado modo, provocar en él una voluntad dirigida a ese modo de conducirse, no tendremos más camino para ello que despertar en el hombre de que se trate la idea de que la conducta que de él se pide constituye un medio para la satisfacción de sus necesidades, o sea, un medio para procurarle ventajas y evitarle perjuicios. (Kelsen, HP, p. 174.)

Es aquí donde interviene la crítica a la concepción de la teoría imperativa de las normas.

El imperativo escueto dirigido al hombre y que no sea otra cosa que la expresión directa de una voluntad enderezada al comportamiento ajeno, jamás podrá provocar, por sí mismo, ese proceso de motivación que acabamos de señalar. El caso se plantea del siguiente modo: la voluntad de un sujeto se dirige a los actos o las omisiones de otro sujeto, dotado también de voluntad, pero sin que ésta sea idéntica a la de aquél (el que ordena). Son, pues, dos voluntades que se enfrentan y que se trata de armonizar. Supuestos dos sujetos de voluntad distintos e independientes entre sí, no

> cabe pensar en que la voluntad del uno influya directamente en la del otro. Es imposible que la simple voluntad de un sujeto –dando por supuesta su declaración– produzca una voluntad análoga en el otro. La declaración de voluntad del que ordena jamás conduce directamente ala voluntad de aquel a quien la orden se dirige [...] Si se quiere que ésta (la propia voluntad) se ponga en consonancia con la ajena, es necesario que a la idea de la voluntad ajena se una la idea de un interés *propio*, cuya satisfacción vaya aparejada al acatamiento de la orden o deseo; es necesario despertar en aquel a quien se trata de mover a una determinada conducta, o por lo menos suponer como ya existente en él, la idea de que la conducta apetecida es, para él mismo, para el que ha de hacer algo o abstenerse de hacerlo, un medio de lograr una ventaja o evitar un perjuicio. (*Ibid.*, pp. 174-175.)

Aquí está el centro de la cuestión. No puede ser explicado más claramente. La esencia del argumento consiste en que el imperativo no contiene elemento alguno que pueda mover a su destinatario a realizar la conducta que se le ordena. El imperativo es la expresión lingüística inmediata de una voluntad o un deseo de que otro se comporte de cierta manera, pero no contiene elemento alguno que induzca al destinatario egoísta a realizar la conducta deseada por el emisor del mandato o la orden. La orden o mandato es emitido por el sujeto respectivo con la finalidad de que el destinatario realice la conducta que será satisfactoria para el emisor, pero éste no tiene motivo alguno para realizarla, pues el contenido del mandato se constriñe exclusivamente a indicar cuál es la conducta que el emisor desea que el destinatario lleva a cabo.

El imperativo no es, en efecto, otra cosa que la expresión directa de una voluntad por medio del lenguaje. (*Ibid.*, p. 176.)

Si el destinatario de la norma imperativa realiza la conducta que el emisor quiere que realice, aquél la ejecuta movido por cualquier consideración que se quiera, menos por el contenido del mandato u orden imperativa. Se supone que el destinatario está motivado por otros elementos completamente ajenos y exteriores al mandato. El imperativo mismo no contiene garantía alguna que permita establecer la concordancia de su voluntad con la del emisor.

> Esto hace que sea necesario llevar a la conciencia del individuo, no sólo el comportamiento a que se aspira y que impropiamente se dice "querido por el Estado", sino también el interés que tiene en poner su propia voluntad en consonancia con el fin perseguido por la norma jurídica. Este interés se lo sugiere al individuo la idea de que la conducta que ha de seguir supone, para él, un beneficio o la evitación de un perjuicio. *Y esta garantía tiene que expresarse en la norma jurídica, para que ésta pueda cumplir su fin.* [Énfasis añadido: uso] De hecho, el Estado sólo se sirve, en la norma jurídica, de la segunda de las dos garantías indicadas y que consisten en sugerir al individuo una ventaja que ha de conseguir o un perjuicio que ha de evitar. Esa garantía es la sanción que puede, a su vez, adoptar dos formas: la de la pena o la de la ejecución. (*Ibid.*, pp. 176-177)

Como puede verse, de los párrafos transcritos y del énfasis añadido, ésta es la única ocasión en que Kelsen indica las circunstancias en las que se introduce dentro de la semántica de las normas (o lo que es lo mismo, de los enunciados descriptivos de las normas), las garantías del cumplimiento de la orden emitida, que en todos los demás autores es una garantía externa y ajena, aunque vinculada estrechamente, a la norma. En el caso de Kelsen, la forma de la norma jurídica es completa, en la medida que ella específica las garantías correspondientes para producir el móvil, en el destinatario, de su conducta concordante con la deseada por el emisor. La norma jurídica establece las consecuencias que se suscitarán en contra del destinatario del imperativo en el caso de que no observe la conducta ordenada. Pero la norma jurídica, al establecer la pena o la ejecución forzada como sanciones (lo son por estar establecidas en la norma), está regulando de manera indirecta la conducta de los súbditos destinatarios, pues ellos están en la obligación de llevar a cabo cierta conducta en la medida que la norma faculta a un órgano del Estado a imponer una sanción al destinatario. La sanción es una acción del Estado. Esta conducta del Estado es una conducta propia de él y es la conducta querida por él. El Estado sólo quiere su propia conducta. Kelsen, en todas sus obras posteriores, se abstuvo de hacer una construcción tan detallada de la forma en que se expresa la norma jurídica. Simplemente afirmó que el orden jurídico es un orden coactivo de la conducta humana y que emplea la motivación indirecta para conseguir que los súbditos realicen la conducta que constituye el fin de la norma coactiva. La conducta que regula la norma coactiva es la de los órganos del Estado que aplican las sanciones. (Cf. Kelsen, IDN.)

Esta misma lectura la hace Olivecrona:

> The mere declaration by A that he wants B to behave in this or that way can never call forth a will in B to do so. The declaration is aimed at the intellect of B. It evokes the idea that A entertains a certain wish. But this idea cannot act as a motive for B. His will can be brought into conformity with the will of A only through his getting the idea that it is in his own interest to act according to the wish of A. (Olivecrona, LF2, p. 126.)

No cabe duda que el cumplimiento o realización de la conducta ordenada por A no puede conseguirse exclusivamente por la operancia del contenido del mandato o por la amenaza adjunta a él de un mal que sobrevendrá al destinatario en el caso de desobediencia. Hay condiciones más poderosas que el propio mandato que impulsan a su ejecución, como ideas religiosas, de legitimidad del emisor del mandato y demás motivos reseñados por Weber. (Cf. *supra.*) Quizá este tipo de consideraciones llevaron a Jellinek a considerar al derecho como normas "garantizadas" en su cumplimiento por una pluralidad de factores reales. Pero Kelsen no está haciendo sociología ni psicología, sino señalando una característica de los mandatos que nos permitan identificarlos como normas jurídicas. Ya Ihering había escrito: "La coacción ejercida por el Estado constituye el criterio absoluto del derecho; una regla desprovista de coacción jurídica es un contrasentido; es un fuego que no quema, una antorcha que no alumbra". (Ihering, FD, p. 159.)

A pesar de estas palabras, debe tenerse en cuenta que la coacción del Estado es externa a la norma jurídica en la teoría del autor que estamos tratando, por más que ésta se identifique con base en el concepto de coacción. Ihering lo dice muy claramente:

> El derecho puede, en mi opinión, definirse exactamente: el conjunto de normas según las cuales se ejerce en un Estado la coacción. Esta definición encierra dos elementos: la *norma* y la realización de ésta por la *coacción* [e]l Estado es el soberano detentador de la coacción. Las prescripciones revestidas, por él, de esta coacción, son las únicas normas jurídicas. En otros términos: el Estado es la única fuente del derecho. (*Ibid.*, 158.)

Consideraciones similares determinaron que Kelsen abandonara la teoría imperativa de la norma jurídica y considerara que los enunciados que describen a la norma jurídica son juicios o proposiciones condicionales o hipotéticas, en donde la consecuencia está constituida por una sanción, y la condición expresa la conducta del súbdito que condiciona esa aplicación: el impropiamente llamado "acto antijurídico". La forma canónica es la siguiente: *Si A es debe ser B*, en donde B representa la sanción y A es el acto antijurídico.

Si como hemos visto, Kelsen introduce dentro del concepto de la proposición jurídica el elemento de la coacción, a las sanciones que se establecen como consecuencia directa de ciertos actos, a los que por ello se califican de ilícitos (o prohibidos o antijurídicos), entonces la conclusión inmediata de esto es que el Derecho, como orden coactivo, se identifica con el Estado como instituto territorial coactivo. La concepción del Derecho, utilizando el concepto de la coactividad, conduce directamente a la teoría de la identidad del Derecho y el Estado. La teoría del Estado es teoría jurídica y los problemas relacionados con el mismo deben plantearse y resolverse normativamente. (Cf., *supra*, tesis de Weber.)

Los desarrollos de estas ideas en las otras obras de Kelsen son demasiado conocidas para detenernos en su exposición detallada.

Bibliografía

Ihering, Rudolf von (FD), *El fin en el Derecho,* Buenos Aires, Bibliográfica Omeba, 1960.

Kelsen, Hans (TPD2), *Teoría pura del Derecho,* México, Universidad Nacional Autónoma de México, 1979. Trad. Roberto J. Vernengo.

__________ (TGE), *Teoría general del Estado,* México, Editora Nacional. 1954. Trad. Luis Legaz Lacambra.

__________ (IDN), "La idea del Derecho Natural", en *La idea del Derecho Natural y otros ensayos,* Buenos Aires, Losada, 1946. Trad. Francisco Ayala.

Olivecrona, Karl (LF2), *Law as Fact,* Londres, Stevens and Sons, 1971.

Ross, Alfdans (SDJ), *Sobre el Derecho y la justicia,* Buenos Aires, Argentina, Eudeba, 1963. Trad. Genaro R. Carrió.

Schmill, Ulisesdans (CJKS), *La conducta del jabalí. Dos ensayos sobre el poder: Kafka y Shakespeare,* México, Ediciones Coyoacán, 2005.

Weber, Maxdans (LES), *Law in Economy and Society*, Harvard University Press, 1969. Trad. Edward Shils y Max Rheinstein.

__________ (SCMH), *La "superación" de la concepción materialista de la historia,* Bogotá, Colombia, Ediciones Nueva Jurídica, 2001. Trad. Óscar Julián Guerrero.

Gina Zabludovsky*

Introducción

El concepto de burocracia ha sido fundamental para el estudio de la sociedad moderna organizada. Las corrientes más importantes del pensamiento social han considerado que la "primera característica" de la modernización política es la existencia de una institución política centralizada y unificada con objetivos y orientaciones específicas. Se trata de organizaciones administrativas que han penetrado de forma gradual en todas las esferas y regiones de la sociedad.[1]

Como se sabe, una gran parte de las teorías sociales que reflexionan sobre la modernidad y las instituciones de masas parten de la validez del profético diagnóstico weberiano de principios del siglo XX, que previó que éstas no podrían existir sin la conformación de su respectivo aparato burocrático.

Sin embargo –como sucede con toda terminología que pretende seguir siendo vigente, y en la medida en que como el propio Weber señalaba, los "tipos ideales" se modifican con los contenidos culturales de la época–, la conceptualización sobre la burocracia ha cambiado a través del tiempo en respuesta tanto a las transformaciones sociales de todo un siglo como al desarrollo

* Este texto se presentó originalmente bajo el título "A propósito de Max Weber: el término burocracia y su vigencia".

[1] S.N. Eisenstadt, 1970, pp. 144-145.

disciplinario de la administración pública, la ciencia política y la sociología. En la actualidad, la reflexión sobre la modernidad radicalizada nos permite incorporar el debate sobre la posible "desburocratización" del mundo.

Por otra parte, puesto que la concepción sobre la burocracia ha sido tan importante para la teoría de las sociedades modernas, pueden analizarse a partir de ella algunos ejes fundamentales de la reflexión en ciencias sociales: las oposiciones entre la tradición y la modernidad, lo público y lo privado, la planeación y la discrecionalidad, los fines y los medios, lo universal y lo particular, las habilidades aprendidas y las innatas, lo racional y lo afectivo.

A partir de la preocupación por la vigencia de las concepciones desarrolladas por Max Weber, se abordarán algunas de las interpretaciones de la teoría de la burocracia en distintos periodos de la sociología contemporánea tomando como eje fundamental la oposición entre lo racional y lo afectivo. En la medida en que por la amplitud del tema nos es imposible incorporar la vasta bibliografía, para el presente trabajo se han seleccionado algunas obras de autores(as) que pertenecen a diferentes "corrientes de pensamiento" y que desarrollan sus teorías en distintas etapas históricas e intelectuales de la sociología.

La burocracia en la obra de Max Weber

Max Weber concibe a la burocracia como una estructura jerárquica en la cual los funcionarios desarrollan diferentes tareas que están claramente definidas. Se trata de una organización de control que constituye la única opción de administración y dominación en las sociedades modernas y cuya concepción está en estrecha relación con el proceso de racionalización.

Como se sabe, de acuerdo con la lógica que distingue su investigación en el ámbito de las ciencias de la cultura, la burocracia se concibe como un “tipo ideal”,[2] que como tal se distingue de la dominación carismática y de la tradicional –en sus vertientes patrimonial y feudal.[3]

Entre los atributos que a juicio del autor caracterizan a la burocracia, se pueden resumir los siguientes: 1) administración racional; 2) obediencia con base en el derecho y a un “cosmos de reglas abstractas”; 3) orden impersonal; 4) competencia basada en deberes y servicios objetivamente limitados en virtud de una distribución de funciones; 5) principio de jerarquía administrativa que responde a la formación profesional de los funcionarios; 6) inexistencia de apropiación de cargos; 7) apego al expediente y organización en torno a “la oficina” como médula de la forma moderna de asociación profesional.

Con base en el principio general de legitimidad, una organización burocrática se caracteriza entonces por relaciones de autoridad entre posiciones ordenadas sistemáticamente de un modo jerárquico, con esferas de competencia claramente definidas que se basan en una separación entre persona y oficio, en la cual los funcionarios y empleados no poseen a título personal los recursos administrativos.[4] El presente trabajo parte de la concepción amplia de burocracia que ha sido el sustento de la teoría moderna de la organización, y que como tal no se reduce a la administración pública, sino que incluye también a las grandes compañías privadas. En este sentido, se considera que la contribución decisiva de Weber permitió pensar la teoría de la burocracia dentro de una amplia arquitectura del

---

[2] Weber señala que la “historia y la construcción de desarrollos de tipos ideales son dos cosas que deben ser diferenciadas estrictamente”. En este sentido, el tipo ideal no es la realidad histórica, y mucho menos la realidad “auténtica” como tampoco es en modo alguno una especie de esquema en el cual se pudiera incluir la realidad de un modo ejemplar. “Tiene el significado de un concepto *límite* puramente ideal, respecto del cual la realidad es *medida* y *comparada* a fin de esclarecer determinados elementos significativos de su contenido empírico”. M. Weber, 1982, p. 82.

[3] En oposición a los otros tipos, la burocracia se caracteriza por una serie de rasgos específicos. Para obtener una información más amplia sobre contrastación entre las distintas formas de dominación, puede consultarse la síntesis que presento en el cuadro desarrollado, en G. Zabludovsky, 1994, pp. 28-31.

[4] Giogloi, p. 1982, p. 190.

orden social y generalizar la idea de aparato racional a cualquier organización. La evolución burocrática no sólo origina efectos específicos en el terreno político, sino que da lugar a consecuencias más amplias en toda la sociedad, La administración de carácter racional tiende a ser predominante en todos los sectores de la vida moderna, tanto en el Estado como en los negocios privados, e incluso en las asociaciones voluntarias.[5] Al respecto, Weber señala que cae bajo el tipo de dominación "legal" no sólo "la estructura moderna del Estado y del municipio, sino también la relación de dominio en una empresa capitalista privada, en una asociación de finalidad utilitaria, o en una unión, de cualquier tipo que sea, que disponga de un equipo numeroso y jerárquicamente articulado".[6]

La ocupación de un puesto es considerada, incluso en las empresas privadas, como la aceptación de un *deber específico de fidelidad al cargo,* a cambio de la garantía de una existencia asegurada. Para el carácter específico de este tipo de lealtad moderna, resulta decisivo que –a diferencia de las dominaciones feudales y patrimoniales– ésta no se subordina a una persona del tipo de señor o patriarca, sino que se pone al servicio de una finalidad objetiva e impersonal.

En la medida en que la dominación leal-racional está sustentada en los hechos, en la impersonalidad y la permanencia, Weber concibe a la autoridad carismática como su contraparte. En esta última residen las características que están ausentes en la primera, como la atracción ejercida por el líder, la fe, el compromiso, la iniciativa y la excitación. Los atributos que son normales en la sociedad, se transforman en excepcionales en el pensamiento de Max Weber. De allí que su categorización de la autoridad carismática fluctúe entre la devoción y la irracionalidad, mientras que las situaciones prevalecientes en la burocracia producen una inevitable "impersonalidad formalista" caracterizada por el apego a la rutina que inhibe la creatividad.[7] Como veremos a continua-

---

[5] D. Beetharn, 1979, p. 126.

[6] M. Weber, 1974, p. 707.

[7] *Ibid.*, p. 180.

ción, sobre este punto se centrarán algunos autores de la sociología posterior a Weber, entre los cuales se destaca Robert Merton.

Estructura burocràtica y personalidad

A partir de las tesis de Max Weber, en un conjunto de textos escritos a finales de la década de 1940.[8] Robert Merton afirma que los méritos principales de la burocracia son la eficacia técnica y el sentido de "seguridad vocacional": "el personal de la burocracia está formado en gran parte por los que valoran la seguridad por encima de todo".[9] Esto da lugar a una "incapacidad adiestrada" (Veblen); "psicosis profesional" (Dewey); o "deformación profesional".[10]

La "adhesión a las reglas", concebida originariamente como un medio, se transforma así en un fin en sí mismo. Por lo tanto, la burocracia vive un "desplazamiento de metas" que transforma el valor instrumental en meta final. La disciplina deja de ser concebida como una medida destinada a objetivos específicos para transformarse en el valor fundamental de la organización.[11] Se produce así un desplazamiento de lo objetivos originarios que da como resultado un excesivo ritualismo basado en la adhesión puntillosa a procedimientos formales y una serie de actitudes rígidas que hacen imposible adaptarse rápidamente al cambio. El "virtuosismo burocrático" no olvida nunca "ni una sola regla", lo cual no siempre se traduce en una ventaja. Al referirse a esta tendencia, Merton señala que

[8] Los textos forman parte del libro *Teoría* y *estructura sociales* que se publicó por primera vez en inglés en 1949.

[9] Caben-Salvador, 1926, p. 319.

[10] R. Merton, 1972, pp. 276-278.

[11] Algunos autores contemporáneos han criticado enfáticamente esta disciplina acrítica de la burocracia, señalando que el ideal de disciplina lleva a la identificación social de la organización independientemente de las características éticas y morales de la misma. El mejor ejemplo de la gravedad de esta circunstancia es el seguimiento de los subalternos a las órdenes instrumentadas por el aparato burocrático del nazismo. Véase Z. Bauman, 1991.

...El proceso puede recapitularse brevemente: 1) Una burocracia eficaz exige seguridad en las reacciones y una estricta observancia de las reglas; 2) Esta observancia de las reglas lleva a hacerlas absolutas; ya no se consideran relativas a un conjunto de propósitos; 3) Esto impide la rápida adaptación en circunstancias especiales, no claramente previstas por quienes redactaron las reglas generales; 4) Así, los mismos elementos que conducen a la eficacia en general producen ineficacia en casos específicos.[12]

Estas características han limitado las posibilidades de adecuación de la burocracia a la sociedad actual. En sus críticas al modelo weberiano, Merton observa con preocupación el pretendido alejamiento que el burócrata debe tener de la esfera de sus emociones –y apartándose incluso de la teoría funcionalista con la que suele ser identificado–, opta por un enfoque más interpretativo en el cual, de alguna manera, considera que las emociones están integradas a las instituciones.[13]

Hombres y mujeres en los aparatos burocráticos

Reconociendo las tesis de Robert Merton, se muestran las posibilidades de incluir la explicación del comportamiento y la psicología individual como parte del análisis de las organizaciones, en 1977 Rosabeth Moss Kanter escribe un libro pionero sobre el papel de hombres y mujeres en las estructuras administrativas modernas, que aunque se centra en las corporaciones privadas, llega a una serie de conclusiones que son comunes a todas las estructuras burocráticas.[14]

La autora demuestra cómo la negación de los factores emotivos ha llevado a la exclusión de las mujeres de los cargos de

[12] R. Merton, 1972, p. 207.

[13] *Ibid.* Sobre este punto confrontar también M. Albrow, 1997, p. 1267.

[14] Rosabeth Moss Kanter reconoce las influencias intelectuales de otros autores como Charles Wright Milis, Evett C. Hughes, George Sirnmel, Michel Crozier y James Thompson. Véase R. Moss Kanter, 1993, pp. 16-17.

dirección. En la medida en que las construcciones sociales del género en las sociedades modernas atribuyen las características sentimentales al ámbito de lo femenino, las mujeres han quedado fuera de las jerarquías administrativas del siglo XX. En oposición a la racionalidad y capacidad de planeamiento, la conducta de las mujeres se considera poco previsible e "incalculable", por lo cual sus posibilidades de ocupar un cargo dirección son automáticamente desechadas. Esta exclusión se agudiza por otros rasgos de la vida organizacional, entre los cuales se destaca una noción de "lealtad incondicional al cargo" que hace que los funcionarios no se atengan a un horario específico para las horas de oficina y que, por el contrario, tengan que mostrar una disponibilidad absoluta y una entrega constante en la cual no tiene cabida la "doble jornada" de las mujeres. De hecho, el cuerpo dirigente se conforma generalmente por un grupo de hombres con características homogéneas en lo referente a su clase social, su raza, su procedencia familiar y su trayectoria académica y profesional.[15]

De acuerdo con las razones anteriores, una vez que las mujeres se incorporan a la estructura administrativa lo hacen desarrollando fundamentalmente "tareas de apoyo" y cumpliendo actividades rutinarias dentro de las organizaciones. De hecho, en gran medida, los empleos de tipo secretarial que se generaron para el sexo femenino, tenían muchas afinidades con las relaciones domésticas que hombres y mujeres establecían en el hogar. Desde este punto de vista, a partir del estudio del lugar que ocupan las secretarias en la corporación,[16] Kanter muestra las contradicciones no resueltas del mundo burocrático. El trabajo secretarial suele ser el más rutinario y, al mismo tiempo, el que provee las relaciones más personalizadas, En un gran número de casos, los puestos secretariales son los únicos cargos cuyas fun-

[15] De hecho, hasta hace muy poco tiempo, los trabajos gerenciales estaban pensados únicamente para hombres blancos provenientes de universidades elitistas que tenían prácticamente asegurado su futuro dentro de la corporación.

[16] Al respecto, Moss Kanter muestra cómo desde que se inventó la máquina de escribir se promocionó con una mujer escribiendo en ella, difundiendo así la idea de que el trabajo secretarial moderno era propiamente femenino.

ciones y estatus no dependen de la organización, sino del rango y del reconocimiento del jefe para el cual se trabaja.

Estas observaciones conducen a Kanter a efectuar un rescate propio de los tipos ideales de dominación en Weber, a partir del cual muestra que más que un empleo burocrático, el trabajo de apoyo de las mujeres en las organizaciones responde a una concepción patrimonial del poder. En contraste con el carácter racional y universal de la burocracia moderna dentro de la cual la posición se deriva del cargo y no de la persona, y donde predomina una alta especialización, impersonalidad y rutinización de tareas, en el tipo de trabajo secretarial-patrimonial (específico de la secretaria particular o secretaria ejecutiva) las labores pocas veces están definidas por metas racionales y suelen responder más bien a la agenda y disposiciones del jefe en turno. Lo anterior se intensifica, puesto que, frente a la posición que les asigna la organización, las secretarias suelen desarrollar un tipo de personalidad temerosa: no toman riesgos ni reconocen las propias capacidades. En la medida en que no entran en competencia por los ascensos organizacionales ni participan en el juego de la competitividad y movilidad dentro de la burocracia, el personal femenino de apoyo suele desarrollar habilidades personales y emocionales para la comunicación y representar el "lado humano" del trabajo de oficina, reproduciendo así en la vida organizacional los papeles tradicionales asignados a los géneros en la sociedad.

Después de las teorías desarrolladas por Kanter a finales de los años setenta, durante los años ochenta otras autoras se ocuparon del tema analizando los vínculos entre las organizaciones y el mundo simbólico de lo masculino y lo femenino. Algunos libros recientes han hecho énfasis en la importancia de incorporar los afectos como una parte esencial del trabajo organizacional. Los nuevos enfoques consideran que lejos de ser inamovible, la autoridad se negocia de manera constante, y las situaciones de intercambio emocional de las partes se convierten en un factor fundamental de la negociación.[17]

A partir de la herencia dejada por estas perspectivas, algunos autores contemporáneos como Martin Albrow, en la búsqueda de una "teoría posmoderna de la burocracia", han enfatizado la importancia de tomar en cuenta el papel de los sentimientos en la vida institucional.

El lugar de los afectos en la estructura organizacional

Recuperando las críticas del pensamiento feminista, Martin Albrow considera que una de las limitaciones fundamentales del concepto de burocracia procedente de Max Weber y de una gran parte de la teoría de la organización que se desarrolla a partir de su herencia, es la desvinculación entre lo racional y lo afectivo con la consecuente supresión de los factores emocionales. En términos generales, se considera que la organización burocrática es más perfecta en la medida en que está más "deshumanizada"; es decir, que ha tenido éxito para eliminar el "amor", el "odio" y otros sentimientos y factores irracionales que no pueden ser calculados.[18] En la medida en que este enfoque sentó los cimientos de la teoría moderna de la organización, una gran parte del pensamiento del siglo XX sobre el tema se caracterizó por la ausencia de problematización sobre los factores afectivos.[19]

Sin embargo, en la medida en que la conceptualización partía de una teoría de la administración legal-racional del Estado moderno –y no de una teoría de la cooperación humana–, el estudio de la afectividad raramente se tomaba en cuenta y cuando se hacía, se asumía que era un recurso no-burocrático que existía en el entorno ambiental o que era propio del liderazgo carismático. El

---

[17] M. Albrow, 1997, pp. 104-106; H. Flam, 1990, p. 228; J. Hearn y W. Parkin, 1987; A. Rafaeli y R. I. Sutron, 1989.

[18] M. Albrow, 1997, p. 93; M. Weber, 1974.

[19] Como se verá más adelante, Albrow (1997, p. 96) sostiene que los factores emotivos sí estaban presentes en la teoría pre-weberiana sobre las asociaciones, pero que muchas interpretaciones posteriores no los han tomado en cuenta.

análisis de las organizaciones ha quedado así sujeto a una perspectiva de corte "militar" y "racionalista", donde no se toma en cuenta que el desempeño de las personas también depende de la cooperación, la empatía y una serie de cualidades que van más allá de los aspectos cognitivos y profesionales, y que debieran ser el sustento de una teoría pos-moderna de la burocracia.

En este sentido, Albrow considera que el silencio en torno al papel de los sentimientos en la vida organizacional, puede ser considerado como una aberración de la interpretación racionalista del siglo XX, basado en una lectura sesgada de la teoría weberiana del orden que ha ignorado la importancia de lo irracional y lo sentimental. A juicio de este autor, las motivaciones y orientaciones de la acción que tienen un papel tan relevante en la definición de la sociología en el primer capítulo de *Economía* y *sociedad,* son consideradas únicamente como características del individuo y están notoriamente ausentes en la teoría sobre la burocracia, desarrollada en el mismo texto.[20] Sin embargo, lo anterior no implica que Weber estuviera desinteresado por la afectividad. Su noción de carisma ocupa un lugar central para entender los fundamentos de la movilización de la acción tanto en los movimientos religiosos como en las modernas organizaciones de masas, lo que muestra la centralidad del estudio de la afectividad en su sociología. No obstante, en términos generales estos elementos no han sido tomados en cuenta por las teorías de la organización cuyo modelo racionalista ha llevado a la represión de las emociones en los estudios de las mismas.

Para superar esta visión, Martin Albrow propone no buscar una respuesta en el Weber "racionalista", sino en aquel que hace énfasis en la interpretación, aquel historiador e investigador empírico que nos dejó como legado la sociología de las religiones[21] y la consecuente interpretación de las distintas visiones del mundo. Desde esta perspectiva, más que una omisión de la teoría weberiana, se trata de una cuestión relacionada con la demarcación

[20] Como se sabe, lejos de ser un libro preparado por el autor, *Economía* y *sociedad* es una edición póstuma de textos que el mismo Weber escribió durante distintas épocas.

[21] Véase al respecto P. Aronson y E, Weisz, 2005.

de la misma: si bien es cierto que en el tipo ideal de burocracia Weber hace énfasis en la cuestión de la racionalidad y la disciplina, esto no implica que no haya tomado en cuenta las fuerzas emocionales e irracionales que están claramente presentes en su concepción más ampliada sobre el poder, donde los momentos nietzscheanos –como la fe, las emociones, el entusiasmo, los valores, etc.– se hacen evidentes.[22]

En las conocidas conferencias dictadas al final de su vida y publicadas con los títulos de "La ciencia como vocación" y "La política como vocación'; el autor enfatiza sobre la importancia que poseen la pasión y la "entrega a una causa", tanto para la carrera política como para la científica. La necesidad de estos atributos también se hace evidente en otros textos previos como *La ética protestante...*, en el cual analiza la importancia de la ética religiosa en la conformación de una mentalidad moderna, y donde la idea de vocación conlleva elementos tanto emotivos como racionales, los cuales Weber toma en cuenta al analizar la importancia de la mentalidad empresarial. De hecho, una gran parte de la teoría política weberiana en torno a la modernidad se sustenta en la oposición entre una organización racional que pretendidamente está libre de valores, y los "sentimientos individuales" y recursos cognitivos y emocionales del líder (pasión, entrega, servicio de la causa, ética de responsabilidad, etcétera).[23]

Consecuentemente, es necesario ampliar el concepto de burocracia de Weber para que sea más afín a la totalidad del proyecto sociológico de este autor, y permita trascender la racionalidad instrumental que ha caracterizado a las organizaciones e incorporar el estudio de la afectividad, los valores, la visión, la empatía, el entusiasmo y las pasiones humanas.[24] El concepto de autoridad y la teoría de la organización deben de ser reformulados a la luz de la sociología interpretativa,[25] lo cual llevaría a aceptar que en

---

[22] M. Albrow, 1997, pp. 97-129.

[23] Véase M. Weber, 1979, 1981, 1987.

[24] M. Albrow, 1997, pp. 103-104; J. Harvey Jones, 1989.

[25] Como se sabe, durante los años setenta se produjo una nueva evaluación del trabajo de Max Weber, que trataba de trascender la lectura funcionalista parsoniana que predo-

el mundo moderno, más allá de reconocer la legitimidad de la autoridad, las personas tienen varios motivos para obedecer las órdenes.[26]

Además de esta lectura sobre Weber y de la recuperación de Merton y el pensamiento feminista, Albrow incorpora otras teorías importantes para la tradición sociológica, como las de Peter Blau (1955), Alvin Gouldner (1955), Reinhardt Bendix (1949) y Richard Sennett (1993), señalando a partir de éstas la posibilidad de construir una "teoría posmoderna de la administración" más afín al "espíritu de los tiempos" que permita conceptualizar un modelo normativo de autoridad capaz de trascender el modelo fáctico, de tal forma que se tome en cuenta la calidad de las relaciones y no sólo el seguimiento de las órdenes.[27]

Con una preocupación similar, otros autores, como Luis Sarriés, sostienen que frente al pensamiento moderno que "define a las organizaciones como 'prisiones' que atrapan la vida de las personas", el posmodernismo "trata de destruir la dictadura de la racionalidad abriendo una etapa en la que el hombre intente deshacerse de las redes del lenguaje racional para encontrar vías menos sofisticadas que le permitan entender, explicar y controlar el mundo desde una perspectiva abierta a la mente humana".[28] Desde esta perspectiva, el concepto que se considera clave para distinguir a una organización moderna de una posmoderna es el de la *de-differenciation,* pensamiento que se resume en estos términos:

> donde la organización modernista era rígida, la postmoderna es flexible [...] Donde existía una gran diferenciación dentro de la organización y en los puestos de trabajo, perfilados y descualificados, en la

---

minó en muchos ámbitos (véase al respecto Aguilar, 1984; Marcuse Parsons *et al.*, 1971). Desde el punto de vista de la teoría de la organización se empezó a señalar la importancia de que ésta sea considerada a la luz de la teoría de las relaciones humanas, por lo cual se han desarrollado tanto enfoques de corte racionalista como no-racionalista (Albrow, 1997, p. 109; Reed, 1985)

[26] M. Albrow, 1997, pp. 76-99.

[27] *Ibid.*, pp. 86-87.

[28] L. Sarriés Sanz, 1993, p. 127.

organización postmoderna, la misma organización y los puestos de trabajo están altamente desdiferenciados, no son rígidos y se definen como multifuncionales. Las relaciones entre los empleados asumen formas más complejas y fragmentadas, tales como subcontrataciones y trabajo en red.[29]

Así, el enfoque posmoderno sobre las organizaciones llega a afirmar que la imagen ideal de una maquinaria que funciona efectiva y suavemente es errónea y debe ser cuestionada de la misma forma en que se ha desechado la gran narrativa de la modernidad que asumía que nos acercaríamos al progreso con el desarrollo de la razón y la objetividad. En su lugar, algunos teóricos de las organizaciones sostienen que el enfoque de la autoridad jerárquica debe ser remplazado por una teoría relacional del poder.[30]

Por otra parte, es necesario tomar en cuenta que en la re-formulación de una teoría alternativa de la burocracia deberá reconocerse el carácter global de nuestra era y la evidencia de que tanto las administraciones públicas como las grandes industrias están siguiendo trayectorias diferentes a las diagnosticadas por la teoría clásica.[31]

¿La "desburocratización" del mundo?

En el mundo actual, se ha hecho evidente que la eficiencia no puede ser asociada más a una sola forma de sistema socio-político o de estructura organizacional, y los conceptos útiles para el estudio del periodo previo tienen que ser cuestionados. En la teoría weberiana sobre la dominación moderna, la figura del funcionario, del profesional y del especialista eran en muchos sentidos coincidentes, pero en la actualidad esto es cada vez menos válido dado que el "sistema de expertos" cubre un ámbito mucho más amplio, abarcando distintas áreas de espe-

---

[29] Clegg, cit. en L. Sarriés Sanz, 1993, pp. 126-127.

[30] K. J. Gergen, 1992, p. 26; J. Hassard, 1995.

[31] M. Albrow, 1997, pp. 153-155.

cialización que no pueden reducirse únicamente a la administración legal-racional. En un gran número de ocasiones las relaciones profesionales tienen lugar en un entorno global que, como tal, quebranta las jerarquías de las organizaciones burocráticas. En este sentido, se puede hablar de una desmonopolización del trabajo de "los expertos" puesto que los ciudadanos parecen estar cada vez más alejados de la convicción de que los administradores siempre saben lo que conviene.[32]

Las organizaciones industriales centralizadas que concentraban la fuerza de trabajo, dirigidas por un grupo compacto e identificado de ejecutivos, también se están desvaneciendo. Los modelos de dirección se han diversificado y parecen estar en constante flujo y reestructuración. Tanto las estructuras gubernamentales como las corporativas se conforman cada vez más como cadenas flexibles de prestadores de servicios y de empresas asociadas.[33]

La reestructuración internacional del empleo, los nuevos modelos de subcontratación y flexibilidad laboral, la creciente incorporación de las mujeres al mercado de trabajo y los drásticos efectos de *internet* y la revolución informática[34] han permeado nuestro actuar cotidiano y el sustento de muchas instituciones. Los procesos de *individualización* y *diversificación* de las formas de vida ya no respetan las jerarquías. En "la sociedad de riesgo" caracterizada por una creciente incertidumbre, ya no existen modelos estandarizados para las familias, las carreras profesionales, o las estructuras organizacionales.[35]

En cierta forma, se puede afirmar que las nuevas condiciones de la sociedad están llevando a un proceso de "desburocratización

---

[32] U. Beck, 1994, p. 29; A. Giddens, 1994, pp. 84-85.

[33] M. Albrow, 1977, p. 157.

[34] Al respecto, Castells señala que se puede hablar de "sociedad informacional" desde el punto de vista de sus tecnologías comunes, de una forma similar a como se ha definido sociológicansente la "sociedad industrial", por ejemplo, como lo formuló Raymond Aron. Tal como existen en la actualidad, las sociedades informacionales son capitalistas –a diferencia de las sociedades industriales que podrían ser también estatistas– y entre ellas existe una diversidad cultural e institucional. (M. Castells, 2000, pp. 20-21.)

[35] U. Beck, 1998. Las consecuencias de esta forma de vida cotidiana son la inseguridad, tanto en su connotación psicológica como en la política (Albrow, 1997, p. 157).

del mundo". Si bien es cierto que durante el siglo XX se vieron cumplidos los pronósticos de Max Weber sobre la importancia de la burocracia, el siglo XXI apunta hacia una realidad eminentemente diferente. Las grandes estructuras piramidales del sector público y privado tienden a desvanecerse.

Las concepciones de "lealtad al cargo" y de autoridad imperativa que constituyen el sustento de la burocracia, ya no parecen operar en el mundo actual; en su lugar tenemos una gama cada vez más amplia de modelos ocupacionales y una creciente importancia de las relaciones horizontales y de intercambio que no se ajustan a las nociones tradicionales de una jornada de trabajo atenida a un horario determinado. En este sentido, se puede afirmar que, hasta la década de 1970, la conceptualización weberiana todavía se podía considerar apropiada para explicar una realidad en la cual aún no se habían hecho evidentes los conflictos entre las reglas formales de la burocracia y la aplicación de los conocimientos científicos. Sin embargo, en la actualidad podemos observar cómo los fundamentos del ejercicio de este tipo de dominación se están desvaneciendo, puesto que frente a la revolución informática[36] y tecnológica, la importancia creciente de las "redes"[37] *(net-working),* el trabajo de equipo, la realización de actividades profesionales por medio de proyectos, el reclutamiento abierto y la contratación externa, las estructuras administrativas tienen que ser reinventadas constantemente. Las expectativas

[36] La red informática no es únicamente un recurso al servicio de la organización, sino que constituye toda una nueva modalidad para el desarrollo de la actividad organizacional en su conjunto. En este sentido, se puede afirmar que el *Net* representa para la tecnología lo que el dinero para la economía. El *internet* es un fenómeno histórico reciente y tiene un carácter eminentemente social puesto que se trata de una constelación de actividades humanas interdependientes que han surgido de una multiplicidad de individuos y grupos. Al respecto, Albrow señala que el tipo de discurso del cambio tecnológico sobre la sociedad de información está siendo construido paralelamente a la narrativa que sirve para tratar de entender estos cambios. (Albrow, 1997, p. 149.)

[37] Al respecto L. Adler señala que "Una red social es un campo de relaciones entre individuos que puede ser definida por una variable predeterminada y referirse a cualquier aspecto de una relación. Una red social no es un grupo bien definido y limitado, sino una abstracción científica que se usa para facilitar la descripción de un conjunto de relaciones complejas en un espacio social dado". Véase Adler, 2003, pp. 6-7.

individuales ya no están fundadas en la posibilidad de "heredar" los cargos que se desocupan, sino en las propias posibilidades de diseñar un trabajo para el cual no ha habido precedente.[38]

En los últimos años hemos visto cómo las grandes burocracias se han batido en retirada. Las carreras profesionales se conciben cada vez más como construcciones y elecciones que se hacen en el curso de una vida personal y cada vez menos como parte de una ruta previamente establecida dentro la organización. Las entidades sociales, que parecían haber adquirido un lugar permanente en la sociedad, se han fracturado y resquebrajado dando lugar a procesos paralelos de "individualización" y "globalización" en los cuales los seres humanos se conciben como los propios arquitectos de un futuro incierto.

La posibilidad de establecer diferentes fusiones y alianzas, y los fenómenos asociados con la internacionalización y la regionalización, han hecho evidente que los límites de los sistemas y de las organizaciones no poseen la permanencia que se les concedía. A medida que se desvanecen las viejas estructuras, sus fronteras se han vuelto más permeables y las relaciones con los individuos que las componen están condicionadas. La organización ya no ofrece un trabajo de por vida y el individuo ya no ve en la empresa la causa primordial de justificación de su trabajo –e incluso de su existencia– y considera que la movilización laboral depende de su propio capital intelectual.[39]

Los dilemas burocráticos que caracterizaron al siglo XX están quedando atrás y ocupan un lugar cada vez menos importante, tanto en la práctica política como en el imaginario colectivo. En su lugar han surgido nuevas preocupaciones. Las inquietudes colectivas ya no giran en torno a la monotonía y la obediencia dentro de un empleo, sino a la inseguridad del trabajo. Los seres humanos de fin de siglo se enfrentan a la vez a un ámbito más abierto de oportunidades y a una amenaza creciente de su empleo. En muchos casos, ante la conformación de un grupo creciente de

---

[38] M. Albrow, 1997, pp. 74-75; R, Moss Kanter, 1993, p. 2 y pp. 74-75.

[39] M. Albrow, 1997, p. 136; R. Moss Kanter, 1993, pp. 290-291.

"quipos de trabajo" que se relacionan horizontal-mente, la estructura piramidal de la autoridad ha mermado, y la burocracia, como forma de organización eminentemente "moderna", está perdiendo su supremacía.[40]

Las estructuras son menos rígidas, las jerarquías no siempre están claramente definidas ni se circunscriben a las responsabilidades formales de los funcionarios o a una concepción de la actividad política constreñida por el Estado-nación. De hecho, muchos de los puntos más importantes de las agendas contemporáneas no son resultado de las iniciativas de los parlamentos o de las burocracias, sino de grupos diversos que ejercen una gran influencia dentro de lo que Beck considera como la "sub-política". Ésta se relaciona con el creciente papel de los agentes que no pertenecen al sistema político o corporativo y que responden tanto a la globalización como a la creciente auto-organización de la vida individual y grupal.[41]

Estos cambios plantean serios desafíos, puesto que la reconceptualización de la burocracia y de otros términos lleva a cuestionar toda una serie de nociones sobre las que se han erguido la sociología y las ciencias sociales del siglo XX.

---

[40] M. Albrow, 1997, p. 5; R. Moss Kanter, 1993, p. 290; U. Beck, 1994, p. 20.

[41] U. Beck, 1994, pp. 18-19.

Bibliografía

Adler Lomnitz, L. (2003), "Globalización, economía informal y redes sociales", en *Este País*, núm. 146, México.

Aronson, P. y Weisz, E. (2005), *Sociedad y religión. Un siglo de controversias en torno a la noción weberiana de racionalización,* Buenos Aires, Prometeo Libros.

Aguilar, L. (1984), "El programa teórico-político de Max Weber", en *Política y Des-Ilusión* (*Lecturas sobre Weber*), México, Universidad Autónoma Metropolitana Azcapotzalco.

Albrow, M. (1997), *Do Organizations have Feelings?,* Londres, Blackwell.

Bauman, Z. (1991), *Modernidad y Holocausto,* Madrid, Sequitur.

Beck, U. (1994), "The Reinvention of Politics: Towards a Theory of Reflexive Modernjzatjon", en *Reflexive Modernization,* Stanford, Stanford University Press,

________ (1998), *La sociedad de riesgo*, Buenos Aires, Paidós.

Bendix, R. (1949), *Higher Civil Servants in American Society,* Boulder, University of Colorado.

Beetham, D. (1979), *Max Weber y la teoría política moderna,* Madrid, Centro de Estudios Constitucionales.

Blau, P. (1955), *The Dynamics of Bureaucracy,* Chicago, Chicago University Press.

Cahen-Salvador, E. G. (1926), "La situation matérielle et morale des foncionnaires", en *Revue Politique et Parlamentaire,* París.

Castells, M. (2000), *La era de la información,* 7. 1, México, Siglo XXI Editores.
Crozier, M. (1964), *Tlse Bureaucratic Phenomenon,* Chicago, University of Chicago Press.
Eisenstadt, S. N. (1970), *Ensayos sobre el cambio político y la modernización,* Madrid, Tecnos.
Flam, H. (1990), "Emotional Man" y "Corporate Actoras Emotion-Motivated Emotion Mangers", en *International Sociology*, núm. 5.
Gergen, K. J. (1992), "Organization Teory in the Postmodern Era", en M. Reede y Hughes (eds.), *Rethinking Organizations: New Directions in Organization Theory and Analysis,* Londres, London Sage Publications.
Giddens, A. (1992), *The Transformation of Intimacy,* Stanford, Stanford University Press.
__________ (1994), "Living in a Post-Traditional Society", en *Reflexive Modernization,* Stanford, Stanford University Press.
Giogloi, E. (1982), "Burocracia", en *Diccionario de política,* Norberto Bobbio (ed.), Madrid, Siglo XXI.
Gouldner, A. (1955), *Patterns of Industrial Bureaucracy,* Londres, Routledge.
Harvey-Jones, J. (1989), *Making* it *Happen,* Londres Collins.
Hassard, J. (1995), *Sociology and Organization Theory,* Cambridge, Carnbridge University Press.
Hearn, J. y W. Parkin (1987), *"Sex" at "Work",* Brighton, Weatsheaf.
Kanter, R. Moss (1993), *Men and Women of the Corporation,* Nueva York Basic Books.
Merton, R. (1972). *Teoría y estructura sociales,* México, FCE.
Parsons, T. y H. Marcuse (1971), *Presencia de Max Weber,* Buenos Aires, Nueva Visión.
Rafaeli, A. y R. I. Sutton (1989),"The Expression of Emotion in Organizational Life", en *Research on Organizational Behavior*, núm. 11, pp. 1- 42.

Reed, M. (1985), *Redirections in Organizational Analysis,* Londres, Tavistock.

Sarriés Sanz, L. (1993), *Sociología de las relaciones industriales en la sociedad posmoderna,* Zaragoza, Mira Editores.

Sennet, R. (1993), *Authority,* Londres, Faber.

Weber, M. (1974), *Economía y sociedad,* México, FCE.

__________ (1975), *Sobre la teoría de las ciencias sociales,* Buenos Aires, Editorial Futura.

__________ (1979), *El político y el científico,* Madrid, Alianza.

__________ (1981), *La ética protestante y el espíritu del capitalismo,* México, Premiá Editores.

Weber, M. (1982), "La objetividad' cognoscitiva de la ciencia social y de la política social", en *Ensayos sobre metodología sociológica,* Buenos Aires, Amorrortu.

__________ (1987), *Ensayos sobre sociología de la religión,* Madrid, Taurus.

Zabludovsky, G. (1994), *Patrimonialismo y modernización. Poder y dominación en la sociología del Oriente de Max Weber,* México, FCE.

__________ (2000), "Burocracia", en *Diccionario de política,* México, Conacyt-Flacso-FCE.

NORA RABOTNIKOF

Doctora en Filosofía por la Universidad Nacional Autónoma de México (UNAM) con la tesis *El espacio público: caracterizaciones y expectativas*. Desde 1986 es investigadora del Instituto de Investigaciones Filosóficas de la UNAM, es profesora en la misma universidad y coordinadora del seminario de investigación del área de Cultura y Política de la Facultad Latinoamericana de Ciencias Sociales (FLACSO). Es miembro del Sistema Nacional de Investigadores y del Comité del área de Filosofía Política del Posgrado en Filosofía y miembro del Comité editorial de la *Revista Internacional de Filosofía Política.*

Ha sido responsable de varios proyectos interdisciplinarios de áreas de ciencia política, sociología y derecho. Entre éstos se puede mencionar: "La filosofía política en el siglo XX: historia y teoría" y "Régimen democrático y concepciones de la política", con Ambrosio Velasco y Corina Yturbe.

Ha sido profesora invitada de la FLACSO (México), Instituto José María Luis Mora, ITAM, L'Ecole des Hautes Etudes en Sciences Sociales, en la UCLA, Instituto de Investigaciones Filosóficas del CSIC (España), Universidad de Buenos Aires, Universidad de la República (Uruguay), Universidad San Simón (Bolivia), FLACSO (Chile).

Ha publicado:

- *En busca de un lugar común: El espacio en la teoría política contemporánea*, México, Instituto de Investigaciones Filosófica de la UNAM, 2005.
- *Max Weber: desencanto, política y democracia*, México, Instituto de Investigaciones Filosóficas de la UNAM, 1989.
- *La tenacidad de la política*, México, Instituto de Investigaciones Filosóficas de la UNAM, 1995. Traducción al francés; *La tenacité de la politique*, París, L'Harmattan, CNRS, 1999. (En colaboración con Ambrosio Velasco y Corina de Yturbe [coords.])

Ulises Schmill

Licenciado en Derecho por la Universidad Nacional Autónoma de México (UNAM). Cursó el doctorado en Derecho en la Facultad de Derecho de la UNAM. Miembro del Sistema Nacional de Investigadores, nivel III.

Embajador de México en la República Federal de Austria (1973-1975), en la República Popular de Hungría (1974-1975), en la República Federal de Alemania (1976). En la Suprema Corte de Justicia de la Nación ha tenido diversos cargos: secretario de Estudio y Cuenta de la Cuarta Sala, 1963; ministro Numerario Adscrito a la Cuarta Sala, 18 de abril de 1985; ministro presidente de la Cuarta Sala, 1987, y ministro presidente de la Suprema Corte de Justicia de la Nación y presidente de la Comisión de Gobierno y Administración, enero 2 de 1991- 31 de enero de 1995.

En la UNAM fue Investigador Titular "C" en el Instituto de Investigaciones, Jurídicas.1982-1985. Además ha realizado actividades profesionales independientes como socio del Bufete de Abogados Bremer, Quintana, Vaca, Rocha, Obregón y Mancera, S.C. 1977-1979; socio del Despacho Padilla del Valle y Asociados, S.C. 1968-1970; socio fundador del Bufete Schmill del Valle, S.C.; presidente del Consejo General del Centro de Arbitraje de México.

Ha publicado:

- *Reconstrucción pragmática de la teoría del derecho*, México, Themis, 1997.
- *Lógica y derecho*, México, Fontamara, 1993.
- *Pureza metódica y racionalidad en la teoría del derecho*, México, Instituto de Investigaciones Jurídicas de la UNAM. 1984.
- *La conducta del jabalí. Dos ensayos sobre el poder Kafka y Shakespeare*, México, Instituto de Investigaciones Jurídicas de la UNAM. 1983.
- *Código Fiscal de la Federación comentado*, México, Biblioteca Sistema.
- *El sistema de la Constitución Mexicana*, México, Porrúa, 1971
- *Teoría del derecho y del Estado*, México, Porrúa, 2003
- *Ensayo sobre jurisprudencias, teología; Hans Kelsen*, México, Fontamara, 2003.

Gina Zabludovsky

Doctora en Sociología por la Universidad Nacional Autónoma de México (UNAM) y Profesora Investigadora Titular Nivel C de Tiempo Completo de la misma universidad. Miembro del Sistema Nacional de Investigadores; de la Academia Mexicana de Ciencias. Es miembro del Comité editorial de la *Revista Mexicana de Sociología, Sociológica, Acta Sociológica, Revista de Ciencias Sociales y Humanidades, Este País,* y *Max Weber Studies*. En la actualidad es integrante del Consejo Directivo del Research Committee for the History of Sociology de la International Sociological Association.

Ha desarrollado investigaciones en diversas áreas como: el pensamiento político-social clásico y contemporáneo, las mujeres y el poder, el enfoque de género en el análisis del liderazgo empresarial y la vida organizacional, el desarrollo de las ciencias sociales en México y sobre los retos que enfrentan las disciplinas sociales para entender un mundo globalizado.

Ha sido profesora en el ITAM, Instituto José María Luis Mora, FLACSO, Universidad Autónoma de Ciudad Juárez, Universidad Benito Juárez de Oaxaca, Universidad Nacional de Colombia, entre otras. Fue asesora para UNIFEM (Nueva York y México), investigadora visitante en el Center for Research on Women and Gender de la Universidad de Columbia en Nueva York y de la División de Estudios Políticos del Centro de Investigación y Docencia Económica en México.

Ha publicado:

- *La dominación patrimonial en la obra de Max Weber*, México, FCE-UNAM, 1989.
- *Patrimonialismo y modernización*, México, FCE-UNAM, 1993.
- *Sociología y política el debate clásico y contemporáneo*, México, UNAM-Porrúa 1994.
- *Norbert Elias y los problemas actuales de la sociología*, México, FCE, 2007.
- Como coordinadora ha publicado: *La sociedad a través de los clásicos* (UNAM, 1985); *Teoría sociológica y modernidad* (1998); *Mujeres en cargos de dirección en América Latina* (2003); *Norbert Elias, legado y perspectiva* (2002); *Sociología y modernidad tardía entre la tradición y los nuevos retos* (2002), y *Sociología y cambio conceptual* (Siglo XXI, UNAM, UAM).

Lectura contemporánea de los clásicos

¿Por qué leer a Alamán hoy?
Andrés Lira, Catherine Andrews, Josefina Z. Vázquez

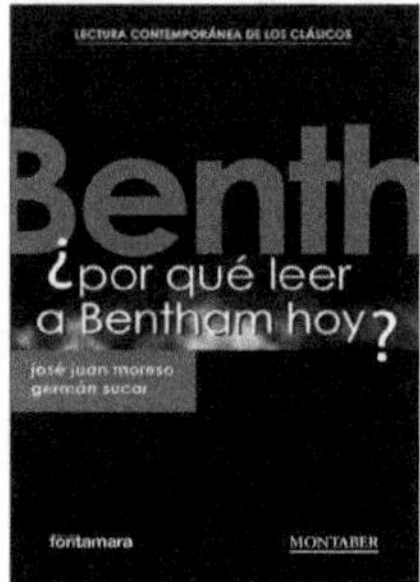

¿Por qué leer a Bentham hoy?
José Juan Moreso, Germán Sucar

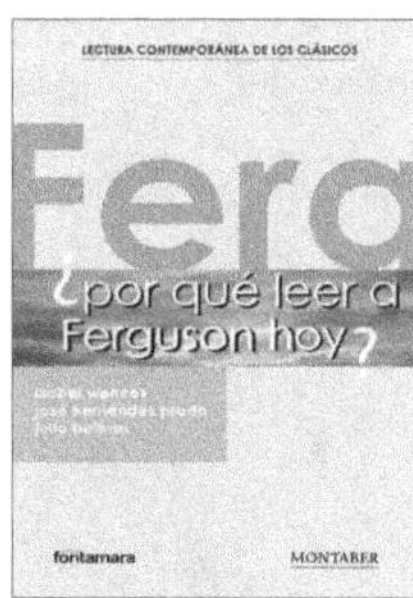

¿Por qué leer a Ferguson hoy?
Isabel Wences, José Hernández Prado, Julio Beltrán

¿Por qué leer a Mill hoy?
Mark Platts, Miguel Carbonell, Juan Carlos Geneyro

¿Por qué leer a Rabasa hoy?
Jesús Silva-Herzog Márquez, José Antonio Aguilar, Pablo Mijangos

¿Por qué leer a Rousseau hoy?
Antonella Attili, Luis Salazar Carrión, Julieta Marcone

¿Por qué leer a Smith hoy?
Alfonso Ruiz Miguel, Isaac Katz, Pablo Larrañaga

¿Por qué leer a Tocqueville hoy?
Roberto Breña, Claudio López-Guerra, Jesús Silva-Herzog Márquez

¿Por qué leer El Federalista hoy?
Juan F. González Bertomeu, Gabriel L. Negretto, Andrea Pozas-Loyo

Otros títulos publicados

Amor platónico
Hans Kelsen

Análisis de un examen estandarizado
José Manuel Casillas Domínguez

Derechos humanos. Un camino hacia la pacificación
Julio Cabrera Dircio

Experiencias adversas de la seguridad del paciente
Rosa Ortiz Rivera

Nuestros niños sicarios
Elena Azaola Garrido

En guerra por la vida. Crisis climática y transformación social
Josep Cabayol

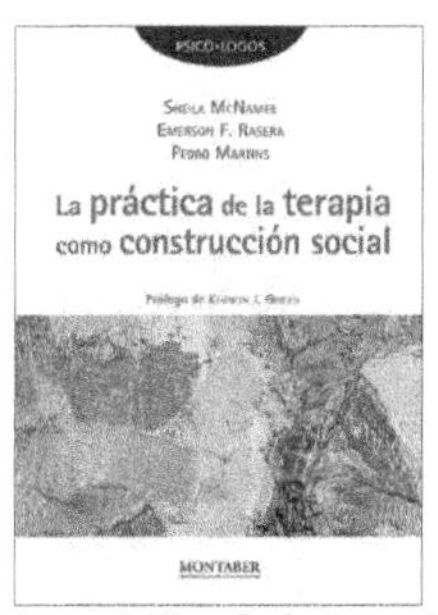

La práctica de la terapia como construcción social
Sheila McNamee, Emerson F. Rasera, Pedro Martins

El imperativo relacional Recursos para un mundo al límite
Kenneth J. Gergen

Ideología y opiniones Estudios de psicología retórica
Michael Billig

www.ingramcontent.com/pod-product-compliance
Lightning Source LLC
LaVergne TN
LVHW050601160826
845677LV00011B/2412